山东省休闲农业发展研究

任开荣 著

哈尔滨工业大学出版社

图书在版编目(CIP)数据

山东省休闲农业发展研究/任开荣著. — 哈尔滨：哈尔滨工业大学出版社,2021.5
ISBN 978-7-5603-9452-7

Ⅰ.①山… Ⅱ.①任… Ⅲ.①观光农业-旅游业发展-研究-山东 Ⅳ.①F592.752

中国版本图书馆 CIP 数据核字(2021)第 105366 号

策划编辑　常　雨
责任编辑　佟　馨
封面设计　清　清
出版发行　哈尔滨工业大学出版社
社　　址　哈尔滨市南岗区复华四道街 10 号　邮编 150006
传　　真　0451-86414749
网　　址　http://hitpress.hit.edu.cn
印　　刷　哈尔滨市圣铂印刷有限公司
开　　本　787mm×1092mm　1/16　印张 8.5　字数 166 千字
版　　次　2021 年 5 月第 1 版　2021 年 5 月第 1 次印刷
书　　号　ISBN 978-7-5603-9452-7
定　　价　48.00 元

(如因印装质量问题影响阅读,我社负责调换)

前　言

休闲农业是传统农业与现代农业相结合、旅游业和农业交叉融合的一种新兴产业和消费业态。它的发展对于我国加快转变农业发展方式，调整优化农业结构，促进一、二、三产业融通互动，实现农业提质增效、农民就业增收、农村繁荣稳定和统筹城乡经济发展等方面具有十分重要的意义。山东既是农业大省，又是旅游大省，在全域旅游和乡村振兴的大背景下，休闲农业已成为农村经济发展新的增长点。山东省如何实现休闲农业的创新发展，如何实现产品的升级换代，如何满足客源市场的需要，如何提升竞争力水平，实现休闲农业的可持续发展是本书研究的关键所在。全书共分为四部分。

第一部分为导论，包括第1、2、3章。主要是在回顾文献的基础上，提出了本书研究的背景、目的、意义，并明确了研究内容和研究思路；阐述了与本书研究相关的概念体系和理论基础；梳理了山东省休闲农业兴起的条件和发展历程；总结了山东省休闲农业的发展模式和成效。

第二部分为正文，包括第4、5、6、7章。构建了宏观、微观的休闲农业发展分析框架，全面分析了山东省休闲农业发展情况。宏观上，对山东省休闲农业的空间结构和竞争力水平做出分析；微观上，既从市场需求的角度分析客源市场特征及满意度，又从市场供给的角度研究农户对休闲农业的认知和态度。

第三部分为经验总结，即第8章。重点总结了发达国家休闲农业发展在政策及资金上的扶持、行业协会参与发展、产业特色鲜明、形成业态集聚、实行评价认证制度、重视宣传促销、注重生态保护和建设等方面的经验，为山东省发展休闲农业提供参考。

第四部分为结论，包括第9、10章。第9章借鉴国内外的成功经验，结合山东省休闲农业发展的实证结论，多角度提出了山东省休闲农业发展的对策建议：一是坚持理念创新，准确把握休闲农业的发展方向；二是发挥示范点带头作用，优化空间结构，科学推动休闲农业的集聚发展；三是明确市场定位，加强产品建设，完善旅游服务；四是突出农户主体地位，优化农户经营行为，正确处理当地农民与工商资本的关系；五是加强政府扶持和引导，优化休闲农业发展环境。第10章总结全书并提出进一步的研究方向。

作　者
2021年3月

目　　录

第1章　绪论 ……………………………………………………………… 1
1.1　研究背景及意义 ………………………………………………… 1
1.2　国内外研究现状述评 …………………………………………… 3
1.3　研究的目标与内容 ……………………………………………… 10
1.4　研究的方法及技术路线 ………………………………………… 12
1.5　本书的创新点与不足之处 ……………………………………… 15

第2章　概念界定及相关理论基础 …………………………………… 16
2.1　相关概念研究 …………………………………………………… 16
2.2　休闲农业发展研究的相关理论基础 …………………………… 22
2.3　本章小结 ………………………………………………………… 28

第3章　山东省休闲农业的兴起与发展 ……………………………… 29
3.1　山东省休闲农业兴起的基础 …………………………………… 29
3.2　山东省休闲农业的发展状况 …………………………………… 34
3.3　本章小结 ………………………………………………………… 40

第4章　山东省休闲农业资源的空间分布及成因研究 ……………… 42
4.1　Google Earth 技术 ……………………………………………… 42
4.2　GIS 和 ArcGIS 技术 …………………………………………… 43
4.3　山东省休闲农业资源的空间分布特征分析 …………………… 44
4.4　山东省休闲农业资源空间分布的成因研究 …………………… 49
4.5　本章小结 ………………………………………………………… 52

第5章　山东省休闲农业竞争力水平评价及障碍度分析 …………… 54
5.1　构建评价指标体系 ……………………………………………… 54
5.2　评价方法 ………………………………………………………… 58
5.3　研究数据来源 …………………………………………………… 61
5.4　山东省休闲农业竞争力评价 …………………………………… 61
5.5　山东省休闲农业障碍因素分析 ………………………………… 63

5.6 本章小结 …… 66

第6章 山东省休闲农业市场需求实证研究 …… 68
6.1 调查问卷设计 …… 68
6.2 数据来源 …… 69
6.3 市场结构分析 …… 70
6.4 客源市场行为特征研究 …… 71
6.5 游客满意度实证分析 …… 76
6.6 游客重游意愿分析 …… 81
6.7 本章小结 …… 83

第7章 休闲农业中农户认知及态度的实证分析 …… 84
7.1 问卷设计与调查 …… 84
7.2 休闲农业中农户认知的实证分析 …… 86
7.3 休闲农业中农户态度的实证分析 …… 88
7.4 本章小结 …… 97

第8章 国外休闲农业发展的成功经验及启示 …… 98
8.1 国外休闲农业的发展 …… 98
8.2 对山东省休闲农业发展的启示 …… 102
8.3 本章小结 …… 105

第9章 山东省休闲农业发展的对策 …… 106
9.1 整体发展思路 …… 106
9.2 山东省休闲农业发展具体措施 …… 106
9.3 本章小结 …… 115

第10章 研究结论和展望 …… 116
10.1 研究结论 …… 116
10.2 研究展望 …… 118

参考文献 …… 119

附录 …… 121
附录1 休闲农业旅游中的游客调查问卷 …… 121
附录2 农户参与休闲农业的经营意愿调查问卷 …… 125

第1章 绪　　论

1.1 研究背景及意义

1.1.1 研究背景

休闲是人类实现自由、满足自身基本需求的重要途径之一。随着工业的迅速发展以及城市化进程的不断加快，人们渴望提升自身的生活质量，实现高层次的精神追求。这使得休闲产业的发展水平成为衡量一个国家或地区经济状况的重要指标。随着我国经济的不断进步以及人们消费需求的提高，休闲产业得到快速发展。2009年世界旅游组织调查显示，随着中国消费支出、旅游偏好、闲暇时间以及识别等级的不断增长和提升，游客外出旅游的目的地已经从原来的城市、景区逐步转向特色乡村、小镇。在这样的背景下，休闲产业与农业的结合成了必然。

休闲农业是在工业化、城市化和农业现代化进程中出现的一种新型产业形态和消费业态。它的发展对于我国加快转变农业发展方式，促进第一二三产业融通互动，实现农业提质增效、农民就业增收、农村繁荣稳定和推进美丽乡村建设等方面具有非凡的意义。据统计测算，休闲农业每增加1个就业机会，就能带动整个产业链增加5个就业机会。一个年接待10万人次的休闲农庄，可实现营业收入1 000万元，直接和间接解决200多位农民的就业问题，能带动1 000户农民家庭增收。从这个角度来讲，休闲农业为拓展农村非农就业和农业增收空间做出了重要的贡献。为了积极推动休闲农业的发展，各相关部门给予了很多政策扶持。农业部在2011年制定了《全国休闲农业发展"十二五"规划》，并出台了一系列促进休闲农业发展的政策措施。2013年中央一号文件《中共中央　国务院关于加快发展现代农业　进一步增强农村发展活力的若干意见》中明确提出大力发展休闲农业。2014年11月，农业部下发《关于进一步促进休闲农业持续健康发展的通知》，提出力争到2020年使休闲农业成为促进农业增效、农民增收、农村环境改善的支柱性产业。2015年1月4日，为了更好地促进休闲农业持续健康发展和建设美丽乡村，农业部成立了全国休闲农业专家委员会。中央与地方各级政府开始高度重视并着力促进休闲农业发展。休闲农业现已成为中国农村经济新的增长点，成为极具发展潜力的朝阳产业。2018年，全国休闲农业和乡村旅游业共接待游客近30亿人次，营业收入超过8 000亿元，与2017年7 400亿元相比，同比增长8.11%，从业人员1 300万人，使约800万户农民受益。目前，休闲农业已然成为城市居民休闲旅游的重要选择，更加发展为天然的乡村产业融合主体，成为乡村产业发展的新亮点。

山东省农业资源和旅游资源十分丰富，区域内乡村不仅具有山地、丘陵、平原、湖泊、河流、森林、峡谷等多样性的自然生态旅游资源，形成了具有观赏价值的地文景观、水域风光和生物景观等，而且具有丰厚的乡村文化，山东素以"齐鲁文化"著称，乡村地区的农耕文化、节庆文化、建筑文化等都可以作为休闲农业资源。此外，山东四季分明，气候温和，适宜多种农作物生长发育，不但是蔬菜示范省，花卉与果木产业也是重要的农业支柱产业。因此，山东省具备极为优越的休闲农业发展潜力。2016年，山东全省休闲农业经营主体达到1.2万家，从业人员60多万人，年接待游客超过1.36亿人次，营业收入超过550亿元，受益农户近60万。至2017年底，山东省国家级休闲农业示范县、示范点分别达到20个、30个，省级以上休闲农业示范点有240个，各类休闲农业经营主体超过1.9万家，年营业额突破630亿元，政府、投资商、农民三方都体现出极大的热情。2019年1月，山东省农业农村厅出台了《山东省农业"新六产"发展规划》，致力于大力培育新型农业经营主体，累计培育新型职业农民14万人，继续拓展农业的多功能性，致力于实现培育省级休闲农业示范县9个、示范点21个，美丽休闲乡村24个，休闲农业精品园区（农庄）23个。

休闲农业已成长为山东省农村经济发展的新的增长点，是农业产业化发展中的亮点，为促进农村经济发展、提高农民生活水平、改善农村居住环境、实现乡村振兴做出了重要贡献。目前，山东省的休闲农业发展取得了一定的成效，已从最早的观光游览型逐步转变为体验休闲型，再到现在多功能的休闲农业综合体也开始成型。但杨明俊的研究结果表明，尽管休闲农业在山东省旅游业中所占比重呈现逐年上升态势，但是其年均增长率（12.8%）却低于全国平均水平（15.4%），与休闲农业农展较为成熟的浙江、江苏、四川和广东相比更是相去甚远，这表明当前山东省休闲农业的发展可能还存在一系列不足。2016年1月，山东省农业厅等部门发布了《关于积极开发农业多种功能 大力发展休闲农业的意见》，提出：到2020年，山东省要实现休闲产业规模的扩大化，休闲农业经营主体达到2万个，休闲农业经营收入实现500亿元以上，带动受益农户100万户，为城乡居民提供"看得见山、望得见水、记得住乡愁"的高品质休闲旅游体验。在这种新形势下，分析山东省休闲农业的现状，研究怎样更好地促进山东省休闲农业持续、健康发展，具有较为重要的现实意义。

1.1.2　研究意义

山东省不仅是工业大省，也是旅游大省，更是农业大省。休闲农业作为传统农业与现代农业相结合,旅游业和农业交叉融合的新型业态,具有促进新农村建设、优化农业产业结构、促进农民就业增收、统筹城乡发展等多重价值。本书对山东省休闲农业的发展问题进行全面研究,具有长远的理论意义和实践意义。

(1)理论意义。

休闲农业研究在我国起步较晚,多数关于休闲农业的研究侧重于功能、特点和建设内容等宏观方面,而对于具体地区休闲农业发展的具体问题研究不多,此外,各地区的市场需求、经济基础和资源禀赋等条件不同,休闲农业的发展要求也不尽相同。本书在总结归纳山东省休闲农业的发展历程、发展模式和发展成效的基础上,通过对其空间结构、竞争力水平、市场需求行为及农户参与态度的深入分析,在一定程度上深化、拓展及完善了休闲农业发展研究的内容体系,具有理论意义。

(2)实践意义。

近年来,山东省休闲农业发展速度较快,但发展质量参差不齐,存在同质化现象严重、数量多规模小、规划不合理、组织化程度低、竞争力差等问题。通过对休闲农业发展的系统研究,可以:第一,有助于认识山东省休闲农业发展的现状,明确其发展重点和方向,推动山东省休闲农业健康持续发展;第二,有助于山东省出台切实可行的休闲农业发展相关政策,提高政策的可操作性和针对性;第三,与山东省相类似的地区,可以借鉴本书的研究成果,结合当地实际,制定出相应休闲农业发展措施。

1.2 国内外研究现状述评

1.2.1 国外休闲农业研究综述

尽管国外休闲农业的实践已经有了一百多年的历史和经验,但不同国家和地区的学者使用的词语却不尽相同。从现有文献来看,学者们使用的词语主要包括"rural tourism""agri-tourism""agrotourism""farm tourism"以及"village tourism"等。为了研究的方便,本书在搜集和整理国外相关文献资料的过程中,将这些概念都视作休闲农业。总体来说,国外学者将休闲农业作为一种现象来研究,研究领域主要集中在居民的感知和态度、经营主体、休闲农业的影响以及政策和管理等方面。

1.2.1.1 当地居民对休闲农业的感知和态度

国外学者认为,当地居民对休闲农业的感知和态度主要受到居民受教育程度、当地经济水平、休闲农业发展阶段以及居民参与程度等因素的影响。他们普遍认为当地居民对休闲农业的态度直接影响着游客的感受,从而影响休闲农业的发展,因此非常重视社区居民对发展休闲农业的态度研究。Long 研究发现,居民对休闲农业的态度随着休闲农业发展所处的不同阶段而变化。在初期阶段,居民大多对休闲农业的开发持赞成态度,但当游客数量达到并超过当地最大社会承载力的时候,当地居民对休闲农业的支持就会下降。Weaver 对澳大利亚某乡村居民对休闲农业的态度进行了分析,结果表明:1/4 的居民因与游客接触较多而支持休闲农业的发展;1/2 的居民持中立态度,他们认为休闲农业既带来了经济利益,也给乡村带来了一些负面影响;1/4 的居民持反对态度,他们认为休闲农业除了为当地带来了一定的经济利益和就业机会外,再无裨益。

1.2.1.2 经营主体研究

国外学者比较重视对休闲农业经营主体的研究,内容主要包括:人口特征、经营动机、经营意愿和经营业绩等。Weaver 和 Fennell 对加拿大休闲农业进行调查时发现,经营者开展休闲农业主要是出于经济目的和社会目的,休闲农业不仅能够增加额外收入、抵消农业的收入波动、解决家庭成员的就业问题,而且有助于促进农户与外界的交流以及与游客分享农村生活经验。Dejan 则认为,农户开展休闲农业的动机比较复杂,主要包括:增加额外收入、销售农产品、农业创新、利用空的建筑物和房间、满足旅游需求和解决就业等。Bernardo 认为农业自身的特点、经营者的经验、资金投入量以及运营规模的大小都是影响农户是否参与休闲农业的重要因素。Carla 认为休闲农场的成立时间、员工数量以及农场面积对农场的年销售额有正向影响,经营者的年龄与年销售额成反比例关系,而经营者是否持有商业和营销计划对休闲农场的业绩并没有显著作用。Bagi 和 Faqir 发现,相比较于传统农业,休闲农业的经营者拥有较高的教育水平,并且更擅长运用信息技术:有45% 的农户拥有大学学历,78% 的农户擅长运用互联网,72% 的农户利用支付管理咨询服务,而传统农业农户对应的比例分别为 25%、64% 和 42%。Nancy 分析了弗吉尼亚 331 家休闲农场的业绩状况,结果发现:42.8% 的农场年家庭收入处于 5 万美元和 10 万美元之间,23.2% 的农场年家庭收入超过了 10 万美元,33.9% 的农场家庭收入少于 5 万美元。

1.2.1.3 休闲农业的影响

(1)休闲农业的经济影响。

休闲农业的发展一开始就与振兴当地经济有着密切的关系。多数学者认为休闲农业对农村的经济和就业起到一定的促进作用。如 Garcia 在对西班牙乡村地区进行实证研究时发现,休闲农业增加了基础设施供给,减缓了农村劳动力的流失,尤其为农村女性提供了就业机会。Akpinar 认为休闲农业不仅可以促进农业发展模式多样化,为农产品提供更多的市场销售机会,还有助于创造更多的就业机会,提高当地居民的收入水平。Vincenzo 则认为休闲农业为意大利农业注入了新的动力,对农民的生活质量有着积极的影响。

(2)休闲农业的社会文化影响。

国外学者认为休闲农业的社会文化影响既有积极的一面,也有消极的一面。Peter Mason 认为休闲农业的发展可以增进居民的自豪感,促进文化的发展和帮助遗产保护。George 也认为休闲农业可以增强农民与城市游客之间的认同感,从而推动农村与外界的社会文化交流,建立城市与农村之间的社会联系。John Tribe 则认为休闲农业的发展会异化和削弱乡村的独特文化,而且还会导致犯罪率上升、人口拥挤以及生活节奏变快等。

(3)休闲农业的环境影响。

国外学者对休闲农业的环境影响研究的结果体现出喜忧参半的特征。支持者认为休闲农业可以增加乡村环境的美学价值。如 Garcia 认为休闲农业有助于保护乡村景观和改善农业区生态环境。Keith 在对美国加利福尼亚州的10个乡村进行调查研究时发现,发展休闲农业不仅可以为乡村的自然资源提供经济上的保护,还可以丰富现有资源,提高现有资源的价值。也有部分否定者如 Machado 认为休闲农业带来了大量的游客,会产生垃圾污染,导致乡村环境的恶化。

1.2.1.4　休闲农业发展政策与管理研究

政府的重视程度、政策支持、管理引导是休闲农业发展的重要因素。在发达国家,政府十分关注休闲农业的发展,主要采取的办法是制定扶持政策、提供资金支持、设立管理机构和开拓市场。Bachleitner 对奥地利的休闲农业调查研究时,针对当地政府对休闲农业的严密组织管理进行了详细阐述,认为政府在当地休闲农业发展中起到了积极作用。Lesley Roberts 和 Derek Hall 通过其撰写的《乡村休闲旅游:从原则到实践》一书,分别阐述了政府、行业协会、观光局等管理部门对乡村旅游的管理成效。Jeffries 以文献分析法、历史研究法,探析了欧盟相关服务政策、共同交通与运输政策、共同区域政策对休闲农业的推动作用。

1.2.2　国内休闲农业研究综述

国内学术界对休闲农业的研究始于20世纪80年代末。和国外研究有所不同的是:国外学者最初将休闲农业作为一种现象来研究,而国内学者却将休闲农业作为转变农业生产方式的一种策略提出来。此后,国内学者开始探索休闲农业的概念,并对休闲农业的发展模式、规划布局、评价、消费者特征及发展对策等方面进行了研究。

1.2.2.1　休闲农业的概念及特征

台湾1989年在当地首次提出"休闲农业"一词。此后,其他学者从各自不同的研究领域对休闲农业的概念进行了界定,这些概念的落脚点可以分为两类:①将休闲农业界定为一种新型农业。范子文认为休闲农业是利用田园景观、农业生产经营活动、农村文化及农家生活和农村自然环境,提供给人们休闲,以增进人们对农村的体验为目的的一种新型农业生产经营活动。舒伯阳和朱信凯认为休闲农业是在传统农业生产的基础上,有机地附加旅游观光功能的交叉性的新型农业生产经营形态。持此类观点的还有代雯淇、高志强等。②将休闲农业界定为一种旅游产品。王仰麟和祁黄雄认为休闲农业是一种以农业和农村为媒介,能满足旅游者观光、休闲、度假、娱乐、购物等各种需求的旅游业。郭焕成和任国柱认为:休闲农业是指在农村范围内,利用农业的自然环境、田园景观、农业生产、农业经营、农业设施、农耕文化、农家生活等旅游资源,通过科学规划和开发设计,为游客提供观光、休闲、度假、体验、娱乐、健身等多项服务的旅游经营活动。持该类观点的还有郑辽吉、王中雨等。

尽管学者对休闲农业的表述各不相同,但各种概念均突出了休闲农业以下几个功能:①经济功能:调整农业产业结构,增加农村的就业机会,提高农民的收入水平;②社会功能:促进城乡统筹发展,缩小城乡差距,提升农民的生活品质;③旅游功能:能够提供给游客观光、休闲、体验、娱乐和度假等各种活动的场所和服务;④文化功能:与农民生活文化和农业产业文化相结合,促进农村文化发展;⑤生态功能:保护和改善生态环境,维护自然景观生态,提升农民的环保意识。

1.2.2.2 休闲农业的发展模式研究

目前,学术界对休闲农业发展模式的总结多是基于地域、产品特色、功能展示和组织管理等角度。舒伯阳基于地域空间结构将休闲农业分为依托城市、依托景区以及依托传统农区三种发展模式。郑群明等依据农民和社区参与经营程度的不同,将休闲农业分为"公司+农户""农户+农户""政府+公司+中介组织""公司+社区+农户""股份制"和"个体农户"等六个模式。牛君仪总结了休闲农业有农业展示、生态观光、农事体验、乡土文化和乡村休闲度假等五种发展模式,并认为各地要结合自身的自然资源、地理区位和气候等条件选择合适的发展模式。刘红瑞等从组织管理的角度将休闲农业划分为休闲农业园区、民俗村镇、农(渔)家乐和休闲农庄(场)四种基本形态,研究发现:农(渔)家乐在经营主体数量上占绝对优势,休闲农业园区具有经营规模和竞争力优势,休闲农庄(场)在接待规模上具有优势,民俗村镇发展潜力很大。

根据不同区域的自然、社会与经济条件,选择和构建较为适宜的休闲农业发展模式并对其进行优化,将关系到休闲农业的建设效益以及发展。然而,目前我国休闲农业的实际情况是:一方面,各地农民在生产实践中总结或创造了大量的具有区域特色的休闲农业发展模式,但由于理论研究滞后于实践,缺乏相应的科学理论支持,导致规模小、效益低;另一方面,一些学者和专家通过向休闲农业发展较发达的国家和地区学习经验,总结出具有可行性与可操作性的休闲农业模式,却由于缺乏相应的政策引导、支持与保护,无法在实践中得到有效实施。因此,如何运用理论研究结果指导休闲农业发展实践显得尤为重要。

1.2.2.3 休闲农业的发展评价

为了促进休闲农业持续健康地发展,许多学者从不同视角构建评价指标体系,分别对休闲农业的资源开发条件和经济效益等方面进行了有益的探索。

(1)资源开发条件评价。

许多学者结合各区域农业发展实际情况对休闲农业的开发条件进行了研究。蔡银莺和张安录认为休闲农业的开发与农地景观的游憩价值紧密相关,他们应用旅游成本法对武汉市石榴红农场的游憩价值进行了评估,结果表明,相对于传统农业而言,休闲农业产生的单位游憩价值是传统蔬菜种植业收益的5.58倍,因而应支持武汉市发展休闲农业。阿布都热合曼·哈力克采用层次分析法,构建了包括资源条件、开发条件、旅游条件三方面的休闲农业资源定量评价模型,并对同属乌鲁木齐都市圈中的呼图壁县、阜康市、昌吉市和五家渠市进行了评价研究,最后得出阜康市具有休闲农业的发展优势。曹盼等构建了休闲农业开发适宜度评价指标体系,利用因子分析法对全国22个地区休闲农业开发适宜度做出评价和分析,结果表明:广东、浙江等东南沿海地区较适宜开发休闲农业,而西部和中部地区休闲农业开发较为困难,东西差别较大,且整体上休闲农业开发适宜度水平不高。阚如良等应用层次分析法从景观质量、资源环境质量及资源开发条件三个方面构建了休闲农业资源综合评价体系和评估模型,并对三峡步步升文化村进行了验证。潘宏等在对休闲农业资源进行分类的基础上运用风景资源管理(Visual Resources Management, VRM)系统评价方法构建了休闲农业风景景观评价体系。

(2)经济效益评价。

还有一些学者对休闲农业的经济效益进行了评估,如王莹和蔡姝妹运用层次分析法分析了土地资源在由传统农业向休闲农业发展中所发生的价值增值变化。蒋颖和聂华从直接收入效应和间接收入效应两个方面对北京市门头沟区休闲农业的经济效益进行了测度,研究发现:休闲农业不仅对门头沟区的GDP贡献率达到2%~5%,而且在一定程度上为其他关联产业带来了助推作用,休闲农业收入每增加1万元,农民人均收入平均增加0.6万元。张秋月等运用数据包络分析法(Data Envelopment Analysis, DEA),对青岛市15个休闲农业示范点的综合效率、纯技术效率和规模效率进行了测算。

通过梳理文献发现,学术界对休闲农业的发展评价是不断提高和逐步深化的,并且在研究过程中逐渐形成了指标体系模型构建 - 指标模型评价 - 对策和建议的研究范式。在评价方法上,较多采用的是定量分析方法,主要有层次分析法、综合模糊法、灰色关联度、因子分析法和数据包络分析法等,其中,层次分析法是学者们采用较多的一种方法。评价对象主要集中于休闲农业资源的开发条件方面,休闲农业竞争力的评价还是一片空白,虽然对休闲农业的经济效益有所涉及,但还存在指标单一、方法有限等问题。

1.2.2.4 休闲农业的规划与空间布局

科学的规划对休闲农业的发展至关重要。冯维波认为,生态环境的保护与建设是休闲农业发展的核心,应遵循生态平衡、市场化、集约化和生态美等生态经济学原则进行休闲农业的科学规划。邹宏霞等认为在休闲农业规划设计中引入仿生学概念,不但可以使农业资源永续利用,还可以设计出多种休闲产品以增加消费者的游憩机会。刘军则从提高认识与重视规划工作、组建规划队伍、提高实施主体在规划中的参与度等方面提出了一系列休闲农业规划保障措施。

休闲农业规划的方法,具体体现在功能分区和空间布局模式上。休闲农业资源和设施空间分布的合理性,与农村总体规划及环境的协调性,直接关系到整个休闲农业的发展。郭焕成依据北京市郊区资源、环境、区位及农业生产特点,将北京市休闲农业发展区域布局划分为3个圈层和8个地带(区)。刘笑明等根据相关区划原则,在空间上将西安市休闲农业划分为"四带两区",并指出各自休闲农业的发展方向。王晓峰等依据空间结构理论、计量地理学,对陕西省休闲农业空间分布特征进行了定量分析,得出:陕西省休闲农业整体上形成了以西安周边地区为核心、以关中平原为主带、以陕南和陕北为两大辐射区的发展格局。王世尧和王树进提出江苏省休闲农业项目离中心城市的距离呈现"∽"形的三次曲线关系,即,距离中心城市由近及远,休闲农业项目的市场潜力先变小,到达一定的程度再呈现增加的趋势,最后市场潜力不断降低。张晓瑶等对安徽省休闲农业示范点进行了空间分析,在空间上将其分为皖南密集区、皖中密集区和皖北次密集区三个区域,并得出分布重心由东南向西北前进式移动,分布范围呈现东北、西南方向收敛及东南、西北方向延伸的发展趋势。

通过以上研究发现,国内对休闲农业的规划还处于探索阶段,多集中在原则和思路方面,缺乏对指导性规划理论与方法体系的研究。很多学者对休闲农业的空间布局进行了研究,但是缺少对不同类型休闲农业资源空间分布的探讨,在空间分布影响因素研究方面缺少计量支撑。

1.2.2.5 休闲农业的需求主体研究

(1)休闲农业游客的旅游动机。

休闲农业游客的旅游动机纷繁复杂,主要涉及心理动机、社会文化动机、经济动机和环境动机四类。如周丽洁调查发现,游客参与休闲农业活动主要是为了"欣赏自然风光"和"休闲度假",还有一部分游客是出于"休闲农业游的价格远低于城市旅游"的考虑。林明太的研究表明,"增进和他人互动的机会和培养感情"是休闲农业游客的最主要动机,其次是"远离都市的嘈杂"。刘红瑞和霍雪喜的调查结果表明,多数旅游者参加休闲农业活动是为了"娱乐放松""远离城市喧嚣"和"体验乡村生活",少数旅游者选择休闲农业活动是出于"交际需要",也有某些旅游者是为了"学习乡村知识"。

(2)休闲农业游客的行为。

休闲农业游客与其他类型的游客在态度和行为特征上有很多不同。周丽洁的研究表明,参与休闲农业活动的多是中老年人和带孩子的家庭,他们偏向于选择周末和短期节假日出行,女性的购物兴趣要高于男性。赵仕红和常向阳在调查中发现,游客对休闲农业的出游具有短距离、短时间的特点,他们的消费倾向不明显且消费水平低,熟人和网络成为他们获得休闲农业旅游信息的主要渠道。蒋颖和聂华深入分析了游客对休闲农业项目的选择偏好,发现科普教育型最受青睐,其次是度假疗养型,最后是垂钓、田间农活体验和野餐烧烤型。刘红瑞和霍雪喜的调查表明,大学及以上的消费者群体更倾向于参与休闲农业,且消费时间比其他文化程度的消费者群体更长;高收入人群更有可能选择乡村旅游,且更有可能逗留更多天数。

(3)休闲农业游客的满意度。

由于游客对休闲农业的满意度,直接决定了休闲农业的经济效益和持续发展,因此很多学者对游客满意度进行了有效测量,并总结了其影响因素。如杨丽华以长沙市休闲农业为研究对象,从购物、娱乐、交通、食宿、服务态度五个基本维度分析了消费者满意度,分析结果表明,满意度得分最高的主要是服务态度和旅游购物,得分最低的是旅游卫生条件和服务费用,娱乐性方面的满意度水平一般,并提出了相应的建议。代雯淇和侯立白的调查结果表明,游客对丹东市休闲农业游的满意度较高,基本都能达到休闲、放松和娱乐的目的,他们对精神收获的满意度评分最高,其次是对休闲地的购物和参与娱乐性。赵仕红和常向阳的调查研究发现,游客对南京市休闲农业消费满意度评价整体并不高,并且满意度偏向于质量驱动型,游客出游前的预期、出游的实际感知和基于出游消费支出的感知价值是影响和决定游客满意度的主要因素。郭晨晓对咸阳市袁家村的游客满意度进行了实证研究,结果表明游客对袁家村的满意度总体达到了"满意"水平,服务态度、接待地居民热情程度、服务效率、环境卫生和购物环境为袁家村的优势项目,产品价格过高是导致游客不满意的重要因素。

综合来看,国内学者已经对休闲农业游客的动机、行为特征及满意度开展了较为丰富的探索研究及实证分析。但是也不难发现,研究方法和研究者的视角都比较单一,基本上都选择休闲农业园区作为研究对象,缺乏对其他类型休闲农业地的实证研究。此外,游客满意度不仅会直接影响其忠诚度,决定其是否会产生重游行为,而且还可以帮助休闲农业经营者改进产品和服务。目前,一些研究在对游客满意度进行衡量时所采用的指标还比较模糊,因此需要学者开发科学合理的测量量表,运用成熟的满意度模型为游客的满意度评估提供依据。

1.2.2.6 休闲农业发展存在的问题与对策

学者们在充分肯定我国休闲农业发展在实践中取得的明显成绩时,也对休闲农业发展中存在的矛盾和问题进行了归纳和总结;杨美景从供给的视角分析了我国休闲农业存在的问题:项目吸引力低下、结构过于简单、重复建设、季节性强、缺乏特色旅游商品、建设水平低等。王圣军和刘盛平认为我国休闲农业的发展还存在以下问题:在国民经济中的地位和作用尚未突显,缺乏科学有效的政府管理组织和管理方法,品牌化意识不强,休闲理念发掘不够。郭焕成总结了限制休闲农业发展的因素有:产品雷同、规划滞后、基础设施不健全、经营管理粗放、功能单一、农民缺乏资金、宣传力度不够等。陈磊等指出当前影响我国休闲农业的关键问题是生态资源破坏严重,用地矛盾突出以及没有形成规模化经营。罗菲也认为休闲农业用地过程中存在用地成本高且审批严格,规模小的经营农户难享政策便利等问题。

学者们发现和总结的问题涉及了宏观、中观与微观三个层面,既全面又深刻。针对休闲农业发展中存在的上述问题,张占耕最早提出:①发展休闲农业要分阶段且有步骤地进行;②休闲农业发展依托的是农业和农村,因此不能废农造景,而必须以农为景;③休闲农业的发展需要政府给予适当支持;④休闲农业需要面向各类消费者,以不同的景观吸引不同的消费者;⑤休闲农业有很强的区域性,必须突出各地的特色。后来尽管有些学者在此基础上也给出了一些建议,但是大多停留在大而空的理论层面,缺乏针对性与实践性。

1.2.2.7 休闲农业的市场营销

随着休闲农业的深入发展,市场竞争日趋激烈,一些学者对休闲农业的营销策略进行了研究,焦点主要集中在体验营销、整合营销以及品牌的建设方面,其中,品牌建设引起了越来越多学者的思考。黄志红、李志明等认为休闲农业的发展不能依靠传统的产品营销和服务营销,应该以体验为核心,形成独具特色的营销方式。石青辉和张贵华构建了休闲农业的营销模型,认为休闲农业要走地域集群和产品集群的整合营销方式。陈剑峰则从4Cs营销理论出发,提出了休闲农业营销创新的若干思路与对策。刘海燕和李映辉提出品牌的建设影响着休闲农业的可持续发展,并强调区域合作打造品牌比单枪匹马自立品牌更容易得到消费者的认可。杨大蓉从地域文化的视角,认为休闲农业应该深度挖掘品牌创新点和组织农业品牌会展。陈剑坤则认为休闲农业的营销推广要做到环境特征营销、集群产业营销、规范建设营销、体验营销和品牌营销五个方面。

1.3 研究的目标与内容

1.3.1 研究目标

本书的总体目标为以休闲农业为研究对象,在休闲经济理论、农业多功能理论、体验经济理论、消费者行为理论、产业布局理论、参与式发展理论和可持续发展理论的基础上,归纳总结山东省休闲农业的发展现状,深入研究山东省休闲农业的空间结构、竞争力水平、市场需求特征及农户的参与态度等内容,探索山东省休闲农业的发展对策,为促进山东省休闲农业的可持续发展提供借鉴和参考。

具体研究目标包括:①对山东省休闲农业发展进行系统梳理,总结其发展的条件、发展历程、发展模式及发展成效;②对山东省休闲农业的空间结构进行探索,总结其成因;③对山东省休闲农业竞争力水平进行评价,找出其障碍因素;④以问卷调查为基础,从需求的角度分析休闲农业旅游中游客的市场特征;⑤从供给的角度,探明农户对休闲农业的认知及参与态度,分析其影响因素;⑥基于以上分析,借鉴发达国家或地区的经验启示,提出山东省休闲农业持续、健康发展的相关对策建议。

1.3.2 研究内容

全书共分十章,具体研究内容如下:

第1章为绪论部分。首先基于休闲产业的发展、休闲农业在促进"三农"发展的独特优势以及山东省休闲农业发展实际等背景,提出"山东省休闲农业的发展研究"这个课题;其次,具体阐述了本书的研究意义,并对国内外研究现状进行系统综述;再次,介绍本书的研究内容及研究技术路线;最后,指出本书创新之处和不足之处。

第2章是概念界定及理论基础部分。该章对论文的核心概念进行了界定,随后围绕研究内容介绍了本书所依托的相关理论,包括休闲经济理论、农业多功能理论、体验经济理论、消费者行为理论、产业布局理论、参与式发展理论和可持续发展理论,奠定了本书的理论基础。

第3章系统分析山东省休闲农业的兴起与发展。从农业基础、旅游产业、基础设施、市场需求和政策导向等五个方面论证了山东省休闲农业兴起的条件,梳理了山东省休闲农业的发展历程,对山东省休闲农业的发展模式和成效进行了总结。

第4章对山东省休闲农业的空间结构及成因进行分析。选取2011—2018年山东省休闲农业示范点作为研究样本,运用Google Earth和ArcGIS 10.3对山东省休闲农业类型划分、空间分布特征及影响因素进行分析。

第5章全面评估山东省休闲农业的竞争力水平。依据资源禀赋、自然环境、经济基础、社会条件和市场需求五类指标,构建符合山东省休闲农业发展实际的指标体系,对山东省休闲农业竞争力水平进行全面评价,找出其存在的障碍因素,为提升山东省休闲农业发展提供分析依据。

第6章为山东省休闲农业市场需求实证研究。该章主要对山东省休闲农业旅游中的游客进行实地调研,总结当前山东省休闲农业客源市场的结构和游客行为特征,并运用 IPA 分析法(重要性－求现分析法)对游客满意度进行计量分析。

第 7 章为农户对休闲农业的认知及态度实证分析。在调研数据的基础上,首先对农户关于休闲农业的认知进行了描述性统计,再运用二元 Logistic 模型确定影响农户参与休闲农业意愿的各项因素。

第 8 章为国外休闲农业发展的经验和启示。重点介绍了国际上休闲农业发展比较成熟的国家,如德国、法国、意大利、美国和日本,总结他们的成功经验,为山东省休闲农业发展提供参考。

第 9 章为山东省休闲农业的发展对策。结合山东省休闲农业发展实际与第 4、5、6、7 章的实证结论,参考发达国家休闲农业的发展经验,有针对性地提出山东省休闲农业发展的对策建议。

第 10 章为研究结论与展望。主要概括总结本书在理论分析、实证分析和对策研究方面所得到的结果,对下一步研究进行展望。

1.4　研究的方法及技术路线

1.4.1　研究方法

(1)空间统计及计量方法。

本书借助 Google Earth 和 ArcGIS 10.3 软件对山东省休闲农业点进行地理空间可视化表达,利用平均最近邻指数、基尼系数、地理集中指数和核密度等指标来分析和反映山东省休闲农业示范点的空间分布状况,并对其影响因素进行探析。

(2)调查研究法。

为取得山东省休闲农业经营的一手资料,组织调研团队进行实地调研,一方面采取现场访谈法,针对当前休闲农业发展的各个环节、现状及存在问题等进行深度访问;另一方面采取问卷调查法,通过游客对休闲农业的感知和满意度、农户对休闲农业的认知和态度进行实地调研,经过数据整理和分析,对休闲农业发展过程中的需求主体和经营主体情况进行客观认识和分析。

(3)经济计量分析法。

本书采用改进的 TOPSIS 法、IPA 分析法和二元 Logistic 模型分别对山东省休闲农业竞争力水平、市场需求特征以及农户对参与休闲农业的态度及影响因素进行了分析。

(4)文献研究法。

充分查阅国内外休闲农业研究方面的文献资料,进行分析总结,并以此为参考,界定本书的研究范围;梳理相关文献的研究方法,形成山东省休闲农业发展的科学研究方法。

(5)比较研究法。

一般来说,比较研究法是指通过对两个或两个以上有关联的事物进行比较,进而获得普遍规律或特殊规律的一种常用研究方法。一些发达国家在休闲农业方面已经取得了卓越的实践成果,而且还掌握了丰富的经验理论,这些经验对于休闲农业处于快速发展中的地区具有较大的参考价值。本书结合这些成功经验,根据山东省的实际情况有针对性地提出休闲农业发展的对策建议。

1.4.2 研究思路与技术路线

本书在研究上遵循"提出问题—理论分析—描述现状—构造模型—实证检验—得出结论"的研究主线,注重定性与定量分析相结合、理论研究与实证研究相结合,综合运用旅游学、经济学、管理学、地理学、心理学和社会学等多学科交叉的研究方法,对山东省休闲农业的发展做出全面分析。具体如图1.1所示。

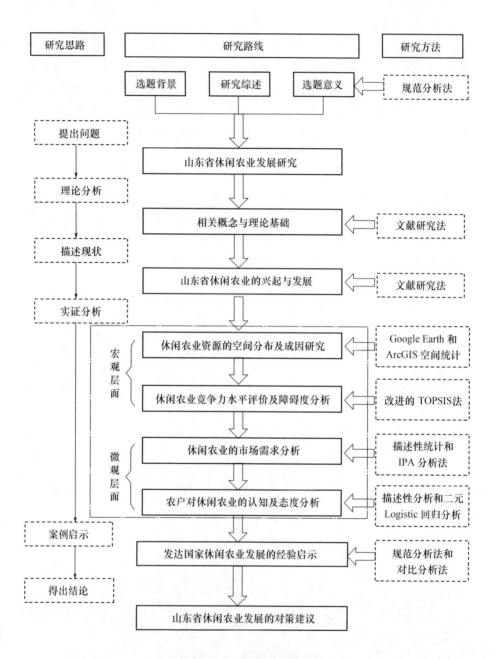

图 1.1 本书研究技术路线

1.5 本书的创新点与不足之处

1.5.1 主要创新点

(1)全面分析山东省休闲农业发展情况。

本书构建了宏观、微观的休闲农业发展分析框架。宏观上,对山东省休闲农业的空间结构和竞争力水平做出分析;微观上,既从市场需求的角度分析了客源市场特征及满意度,又从市场供给的角度研究了农户对休闲农业的认知和态度。这样,克服了仅从某个方面进行研究的不足,提升了休闲农业发展对策的针对性。

(2)对山东省休闲农业发展情况进行定量分析。

就目前而言,学术界对山东省休闲农业方面的研究非常少,文献资料大多只侧重于定性研究,且研究方向、内容千篇一律。本书借助 Google Earth 和 ArcGIS 技术对山东省休闲农业的空间结构进行计量分析;从自然环境、资源禀赋、经济基础、社会条件和市场需求五个维度构建指标体系对休闲农业竞争力水平做出评价;运用 SPSS 18.0 对山东省休闲农业的客源市场进行分析,有利于经营者更好地认识市场和服务市场。

(3)基于农户视角对山东省休闲农业经营主体情况进行分析。

这对休闲农业有关研究而言,算是弥补了经营主体尤其是农户研究的空白。尝试通过问卷调查了解农户对休闲农业的认知、态度和行为动机,并构建相关的计量模型分析农户参与休闲农业行为的影响因素和作用原理。

1.5.2 不足之处

由于研究能力和研究手段的限制,本书的研究还存在着一些不足之处,主要体现在以下两点。

(1)目前学术界还没有一套完整的休闲农业发展研究体系,因此本书仅从空间布局、发展水平评价、市场需求特征以及农户态度等角度来对山东省休闲农业发展进行分析研究,缺少政府、中介组织等相关研究,在研究范围上可能还不够完整。

(2)相较于其他产业,山东省休闲农业起步较晚,缺乏针对休闲农业的官方统计数据。由于缺少统一口径的指标数据,导致第 5 章的竞争力水平分析可能不够全面。另外,休闲农业业态非常丰富,在进行微观数据调查时将它们视为相同的个体可能存有一定的缺陷和不足,导致研究内容有所局限。

第 2 章　概念界定及相关理论基础

2.1　相关概念研究

2.1.1　休闲农业的概念与内涵

2.1.1.1　国外学者对休闲农业的界定

就全世界而言,最早对休闲农业予以关注的是欧洲地区。1855 年休闲农业在法国产生,1865 年意大利诞生了"农业与旅游全国协会",到了 20 世纪 80 年代,休闲农业开始在欧洲兴盛。尽管国外休闲农业的实践已经有一百多年的历史和经验,但不同国家和地区的学者使用的词语却不尽相同。从现有文献来看,国外学者们使用的词语主要包括" rural tourism "" agri-tourism "" agrotourism "" village tourism ""farm tourism"以及"leisure agriculture"等,很多学者认为这些概念可以相互取代,没必要加以区分。如果将这些词视作休闲农业的话,则国外有关休闲农业的定义较为复杂,有关学者关于休闲农业的定义可见表 2.1。

表 2.1　国外学者对休闲农业的部分定义

提出者	主要内容
Dart	运营农场中举办的一切旅游活动或休憩活动
Frater	生产性农场经营的旅游活动,该活动能够抵消农业的收入波动
Pearce	农场主以所有者身份积极参与小规模旅游的一种经营形式
Davies 等	是乡村旅游的一种,游客付费给农场主取得体验农场生活的一种活动
Sharpley	由直接与农业环境、农业生产或农家住宿相关的旅游产品构成
Weaver 等	是农场主将农场环境与旅游活动相结合吸引游客的一种新型旅游形式
Beni	人们自主或者自发,为欣赏风景、参观或体验农事活动而进行的活动
Sonnino	农场主及其家庭成员所从事的各种与农事相关的接待活动
Deborahetal	一项涉及耕作、园艺、农事展示的活动,其功能是教育、休闲和体验

通过以上的定义可以发现,国外学术界在给休闲农业下定义时有一个重要的特征就是比较强调"农场"或"农场环境"。在欧美发达国家,家庭农场很早就成为主要经营主体,不管是休闲农业活动还是其他农业活动,都与"农场环境"密切相关。从某种意义上说,在休闲农业的起源地欧洲,休闲农业的主要经营形态就是所谓的"农场旅游"。

2.1.1.2　国内学者对休闲农业的界定

在我国,台湾将休闲农业定义为:利用田园景观、自然生态及环境资源,结合农林渔牧生产、农业经营活动、农村文化及农家生活,以提供休闲,增进市民对农业及农村体验为目的的农业经营活动。随后,不少学者基于各种研究视角来界定"休闲农业"这一概念,其具体落脚点无非在于以下两类:一是将休闲农业界定为一种新型农业;二是将休闲农业界定为一种旅游产品。不同的学者因研究角度不同对休闲农业做出的界定也不尽相同,可以总结如下(表2.2)。

表2.2　国内休闲农业的部分定义

落脚点	提出者	主要内容
新型农业	卢云亭	为满足城市居民旅游需求的,结合赏、尝、娱、耕和购于一体的新型农业
	范子文	利用田园景观、农业生产经营活动、农村文化及农家生活,提供给人们休闲和体验的一种农业经营活动
	舒伯阳	在传统农业生产的基础上,有机地附加旅游观光功能的交叉性的新型农业生产经营形态
	代雯淇	以农村自然环境为依托,以农业资源为载体,以乡村文化为背景,主要提供休闲和娱乐功能的新型农业经营形式
旅游产品	王仰麟	一种以农业和农村为媒介,能满足旅游者观光、休闲、度假、娱乐、购物等各种功能的旅游业
	郑辽吉	以农业资源为基础,农事活动与乡土文化结合在一起开展生态主题旅游活动,进而满足旅游者实现观光、休闲和购物需求的一种旅游形式
	郭焕成	通过科学规划,综合利用农业的自然环境、农业生产经营环境,以农业设施、农耕文化、农家生活等为旅游吸引力本源,为游客提供观光、休闲、度假、体验、娱乐和健身服务等多功能的旅游经营活动
	陈章体	在休闲经济背景下产生的以农业和农村为载体的新型生态旅游业

虽说在休闲农业的表述上,各学者之间存在一定的差异,但从其指导思想方面来看,都具备了一定的先进性。学者们大都是从农业的多功能与产业融合的角度对休闲农业进行界定,认为它是在挖掘具有较强旅游价值的农业资源平台上,将"三农"供给与市民需求有效结合,是一种集生产、生活、生态"三生一体"的多功能性产业。

2.1.1.3 本书对休闲农业的界定

虽说国内外学术界在"休闲农业"这一概念界定上还未形成统一的定论,但是相关领域的研究都表明,作为一种新型的消费形态和产业形式,其核心在于向消费者提供多元的、丰富的体验。依据国内外不同学者对休闲农业的界定,再结合休闲农业的特点,本书认为可以将休闲农业定义为:一项以农业生产、农民生活和农村环境为载体,通过吸引消费者参观农村生态景观、参与农业生产过程、体验农民生活,达到多方位利用农业资源、发展高效农业、改善农民生活的农业和旅游业交叉融合的新兴产业形态。除此之外,基于休闲农业的发展现状,本书将休闲农业等同于休闲农业旅游。接下来,本书将从以下五个方面着手对该定义进行解读。

(1)休闲农业的发展立足于"三农"。

对任何一种产业而言,想要快速发展都应具备良好的资源条件。而休闲农业的资源基础则在于农民、农村和农业,涵盖的内容主要包括:①农业生态环境;②民居建筑;③农村各类遗址;④农村风土人情;⑤农业生产条件;⑥农事活动等。鉴于各地"三农"资源存在地区差异性,因此,应充分利用自身独特的优势来发展休闲农业。

(2)休闲农业的服务宗旨定位于"三生"。

"三生",即农村生态、农民生活和农业生产。其中,农业生产功能是区域休闲农业旅游供给能力的反映,农民生活功能是区域休闲农业旅游需求水平的反映,农村生态功能则是休闲农业开发协调性、系统性和可持续性的集中体现。

(3)休闲农业是一项具有较强融合性的产业。

休闲农业不仅是农业发展的一个新领域,更是旅游业中的一种全新业态。就这一产业形态而言,虽说根植于"农",却又超出了"农"的范围。实践发展中不仅涉及农、林、牧、渔等大农业领域,而且还顺利地将部分制造业及第三产业融入其中。它以第一产业为基础,不仅与第二产业保持着联系,同时还兼顾着第三产业。虽说表面上是三种产业形式的叠加,但却可以取得相乘的效果。

(4)休闲农业的价值在于参与性与体验性。

当下,参与休闲农业的旅游者中,大多来自城市,他们之所以会选择这种消费方式,主要是为了体验一下不同于城市的生活。在具体的活动中,旅游者除了观光,还可以采摘、体验农事、感受农民生活和享受乡土情趣,而且还可以住宿和度假。由较为单一的观光到采摘拓展再到参与式、体验式、学习式的游乐,赋予旅游者一种独特的感受,这是当前休闲农业的重要价值所在。

(5)休闲农业的目的是改善农民生活质量。

从休闲农业的根本目的来看,主要是为了实现对农业资源的有效利用,促进高效农业的快速发展,从而实现农民生活质量的有效改善。作为现代农业发展的重要途径之一,休闲农业已然摆脱了过去生产方式过于单一的局面,基于现代农业科技和先进生产管理经验的有机融合,将现代农业的生态效应充分发挥了出来,从而在丰富城市居民的生活之余,还能切实通过农业资源的整合、高效农业的发展,促进农民生活质量的改善。

2.1.1.4 休闲农业与乡村旅游的概念辨析

目前,部分学者在休闲农业与乡村旅游之间画上了等号。但严格说来,休闲农业与乡村旅游是两个相近又相异的概念。首先,休闲农业和乡村旅游都以农业和旅游业为依托,因而在活动内容上有较高的重合度;其次,休闲农业是农业的衍生品,离开了农业,休闲农业便无从谈起,而乡村旅游更侧重"旅游";最后,乡村旅游是限定在乡村地域内开展的旅游活动,因此对空间维度的地域概念更加看重,而休闲农业在地理范围上,不仅在农村得以发展,在城市中同样有所发展,如:市民公园、农业示范园等。

除此之外,由于"休闲农业"一词在学术界尚未统一,称谓诸多,包括:"农业旅游""观光农业""农庄旅游"等。本书为了研究的方便,将这些形式统称为"休闲农业"。

2.1.2 休闲农业的特征及功能

2.1.2.1 休闲农业的特征

在休闲农业的具体特征方面,不同学者的见解还是存在一定差异的。休闲农业除了具备旅游活动的一般特征之外,还具有与农业相结合的独有特性。从大多数学者的研究中不难发现,作为当下全新的产业形态之一,休闲农业所包含的特征,可大致归纳如下。

(1)多功能性。

就当下国内外休闲农业的发展现状而言,并未局限于观光、采摘等一些传统的项目,还涵盖了一些特殊的功能,如:①住宿;②餐饮;③娱乐;④购物;⑤田间劳作;⑥农耕文化教育与展示;⑦生态体验等。其多功能性特征显而易见,这一特征将有利于使得农业从单一型的生产向综合型服务发展。

(2)娱乐服务性。

休闲农业的目标客户主要为城市居民,它主要以当地丰富的农业资源、多样的生物种类、独特的自然风光和多彩的风土民情等为依托,充分满足旅游者消除疲劳、拓展视野、愉悦身心、陶冶情操等需求,产品表现出较强的娱乐服务性。

(3)季节性。

休闲农业发展的基础是农业资源和农业环境,而气候、季节等自然条件很大程度上会影响到农业生产过程,不同季节资源特色不同,所呈现出的休闲活动也不一样,因而呈现出季节性差异。这一特征要求开发和经营者确保规划过程的科学性、合理性,尽可能在充分整合当地资源优势的情况下,做好休闲项目周期主题的设计和开展工作,进而减少因季节差异带来的收益空档期。

(4)空间分布集群性。

在一个国家或地区范围内的空间分布上,休闲农业呈现出明显的集群性特征。这一特征产生的原因,主要有以下两个:一个是目标市场或消费者群的导向性;另一个是地域聚集的特色资源的导向性。

(5)市场局限性。

从休闲农业发展的实践来看,休闲农业主要是为那些不了解、不熟悉农业生产和农村生活的城市游客服务的,吸引力具有较大的定向性。因此,可以说,休闲农业的客源主要局限在城市居民,而项目经营者必须准确把握目标市场的特征,有针对性地开发休闲农业服务项目,进而发挥最大的市场效益。

2.1.2.2 休闲农业的功能

休闲农业作为一种由农业与第二、第三产业有机融合而衍生出的新型业态,从其自身的内涵及发展实践来看,具备一系列的功能。

(1)经济功能。

休闲农业可以调整农业产业结构,改善农村基础设施,增加农村的就业机会,提高农民的收入水平,从而推动农村经济的发展。

(2)社会功能。

休闲农业可以增进城乡居民的交流,促进城乡统筹发展,缩小城乡差距,提升农民的生活品质,加快美丽乡村的建设和实现乡村振兴战略。

(3)旅游功能。

休闲农业的兴起与发展,与现代旅游业的发展密不可分。休闲农业能够提供给游客清新属实的绿色活动空间,游客可以享受观光、品尝、休闲、购物、娱乐和度假等各种服务,尽情享受乡野风光及大自然的乐趣。

(4)文化功能。

休闲农业是农业发展的一种重要形式,它与农民生活文化和农业生产文化相联系,它的发展不仅可以促进农村特有的文化、民俗风情和技艺得以继承和延续,更能带动农村文化的创新。

(5) 生态功能。

作为自然生态系统的重要内容之一,可以将农业视为一种天然的生态产业,它具有调节气候、涵养水源和保护环境等生态功能。要真正使休闲农业产生吸引力,并占有一定市场,应首先做好农村资源和自然风光的保护工作,确保其不被破坏。因此,休闲农业的发展必须要保护和改善生态环境,维护自然景观生态,提升消费主体和经营主体的环保意识。

2.1.3 休闲农业的类型

休闲农业作为农业和旅游业的交叉新兴产业,受资源环境、区位交通、市场需求、农业基础、投资实力等多方面的影响,呈现多元化、多层次、多类型的发展态势。因此,分类角度也呈现多样性。许多学者依据不同的分类方法得出不同的休闲农业类型,其特色和主题各不相同,构成元素和服务对象也各异。

在休闲农业的具体分类上,范子文将其细分为以下九种:①市民公园;②教育公园;③森林资源;④民宿农庄;⑤观光农园;⑥农业公园;⑦休闲农场;⑧民俗观光村;⑨民宿。基于其结构上存在的差异性,丁忠明和孙敬水将休闲农业划分为以下六类:①休闲林业;②休闲副业;③休闲生态农业;④休闲种植业;⑤休闲牧业;⑥休闲渔业。

戴美琪和游碧竹按发展进程、旅游功能、开发及经营类型、旅游者体验特征等不同方式对休闲农业进行分类。若以其发展进程为参考依据,可将其划分为以下四类:①农产品提供型;②经验交流型;③农村空间提供型;④综合多功能型。若以旅游者的体验特征为参考依据,可将其细分为以下三类:①农业环境型;②民俗风情型;③农事劳作型。若以旅游功能为参考依据,可将其细分为以下七类:①品尝型;②务农型;③疗养型;④观赏型;⑤购物型;⑥娱乐型;⑦度假型。若以开发及经营类型为参考依据,可将其划分为以下五类:①观光休闲园;②少儿农庄;③公园农庄;④教育农庄;⑤家庭农庄。郭焕成认为休闲农业发展受资源环境、区位交通、市场需要、农业基础、投资实力等多方面的影响。鉴于此,他以区位为参考依据,将休闲农业划分为以下五种类型:①景区周边型;②基地带动型;③资源带动型;④城市郊区型;⑤风情村寨型。

李涛和陶卓民在对江苏省休闲农业景点进行研究分析时,结合了当前国家关于旅游资源分类的标准,将休闲农业划分为休闲观光类、农事体验类、农业科技类、乡村文化类和特色村镇类 5 个一级类和 17 个二级类,具体分类见表 2.3。这种分类更全面、更科学。

表 2.3 休闲农业的分类体系

一级类	休闲观光类	农事体验类	农业科技类	乡村文化类	特色村镇类
二级类	农业观光园(区) 休闲农庄(场) 休闲度假区 森林公园 自然风景区	生态体验园 采摘园 农(渔)家乐 趣味园	科技产业园 农业示范园	民俗园 乡村建筑景观 文化长廊 茶(园)艺场	历史古村镇 新农村示范村

强化休闲农业的分类,可在某种程度上帮助人们辨别不同休闲农业产品的异同,从而有利于其对各类资源进行有针对性的开发、利用和保护。

2.2 休闲农业发展研究的相关理论基础

2.2.1 马克思的休闲思想观及休闲经济理论

2.2.1.1 马克思的休闲思想观

休闲已成为当代人生活的重要组成部分,从而促成了休闲学的兴起。尽管马克思没有就休闲问题进行直接分析,但其关于生产、消费和自由时间(闲暇时间)等问题的阐释都与休闲存在着密切的关联。而且,从《马克思恩格斯全集》中也不难发现,他始终认为休闲与社会进步、个人发展之间存在一定关联。马克思关于休闲经济学的思想主要体现在休闲时间理论、自由时间经济学说和休闲消费学说方面。

马克思认为休闲是人们在精神上所掌握的自由时间,在行为上,休闲表现为人们在闲暇时间内进行的自由活动。它既是实现人类全面自我发展的重要途径,更是人生命中不可缺少的部分。马克思指出,人的真正发展是实现全面自由发展。要实现人的全面自由发展,人们的休闲空间就显得非常重要。人们有了更多的休闲,也就有更多消费。作为现实中常见的实践活动之一,休闲消费不仅是社会存在的重要体现,更是人类生命存在的总体表现。它除了能体现人类存在的价值之外,更是人的素质和能力发展的必要环节。

2.2.1.2 休闲经济理论

随着经济社会的发展,人们拥有的购买能力和闲暇时间得以普遍提升,休闲成为大众化的一种消遣活动。休闲经济理论是一种以对消费者的休闲心理、休闲行为、休闲需求为主要研究对象的,融合经济学相关理论,以满足消费者的需求、产业的经济发展为主要目的,重点研究消费行为与产业发展的多学科融合理论。

随着我国经济水平的日益提高,1995年5天工作制的实行,双休日休闲旅游成为城市居民生活的常态。加上国家不断调整节假日制度,"黄金周"和"小长假"让消费者拥有了更多的休闲旅游时间,这对相关休闲娱乐产业的发展而言,无疑起到了一定的带动作用。从2013年发布的《国民旅游休闲纲要》中不难发现,在诸多主推旅游业转型升级的重要途径之中,休闲旅游也成了其中之一。随之而来的是休闲经济备受国内学者及相关部门的关注和重视,与此同时,"回归自然、放松身心"作为双休日旅游动机的趋势变得更加普遍。双休日休闲旅游具有淡旺季不明显优点,当下双休日休闲旅游可开发的产品主要包括:①生态旅游;②疗养及健身游;③新奇娱乐休闲;④乡村风情旅游;⑤产业休闲旅游;⑥购物观光休闲旅游;等等。生态休闲成为社会休闲的主流方式,应切实加大对旅游产品中观光、娱乐、体验、保健、学习、休闲和度假等各方面内涵与功能的拓展力度,各级政府和行业管理部门要给予关注和扶持。

农村休闲经济不仅可以为当地带来人口、资本和物质等生产要素的集聚,成为当地经济发展的选择,更是人们对自然文化回归的选择和对美好生活的新期待。农业特殊而又具体的功能,为其成为休闲产业的载体,并发展成为休闲农业提供了可能。

2.2.2 农业多功能性理论

作为社会生活的重要组成部分之一,农业的作用除了食品的生产、工业原料的提供之外,对于社会及整个国家来说,还具有不可忽视的政治功能、社会功能、文化功能和生态功能。换句话说,从生产本质看,农业原本就具有原始的多功能元素,最早提出农业多功能性概念的是日本。20世纪80年代末至90年代初,日本政府为了保护国内的稻米市场,提出了"稻米文化"和"稻米多功能性"的概念:水稻的种植不仅是粮食生产,还具有涵养水源、水土保持、净化空气、提供自然绿色景观和文化传承等功能,保持日本的水稻生产就能保持日本的稻米文化。紧接着,韩国、法国等国家也通过立法制定了国家的农业战略,对农业的多功能性予以极大的支持。联合国环境与发展大会于1992年正式通过了《21世纪议程》,其中明确对"农业多功能性"这一概念进行了运用。世界粮食首脑会议于1996年正式通过了《世界粮食安全罗马宣言》和《世界粮食首脑会议行动计划》,其中明确指出,农业多功能性这一特征将在农业和乡村的可持续发展过程中起到一定的促进作用。1999年9月,国际农业和土地多功能性会议正式召开,此次会议的与会国家共计100多个,会议明确指出,农业除了为社会提供粮食和原料外,还具有多重目标和功能,包括经济、社会、文化和环境等方面。同年,日本颁布了《粮食·农业·农村基本法》,强调不仅要重视具有传统意义上的经济功能,也要关注其带来的社会、生态和政治等多种功能性,尤其要积极推动农业生态功能的挖掘。

2007年,中共中央"一号文件"《中共中央 国务院关于积极发展现代农品扎实推进社会主义新农村建设的若干意见》重点强调:农业除了具有保障食品供给外,还富含原材料供给、观光休闲、改善自然环境、维护社会稳定和传承历史文化等功能;现代农业是传统农业的发展方向,现代农业的实现必须要重视农业多功能的开发。从国外发达国家的发展实践结果来看,农业已不再是简单的产品生产部门,多功能农业不仅更加优化了农业产业结构,更好地将区域内的一二三产业进行了融合,进而带动了当地经济更好地发展。农业具有形成地面景观以供消费者观光休闲的功能,这正是休闲农业体现所在。休闲农业在发展过程中不仅保留了农业特色,还面对面实现了农产品的销售,而且还通过提供多层次、个性化的各项旅游服务带动了关联产业的发展,是我国农业发展的一个重要方向。

2.2.3 产业布局理论

一国或地区的产业发展最终要落实到一定经济区域来进行,这样就形成了产业在不同地区的布局结构。相应地,企业为了选择最佳位置,导致各种资源和生产要素在不同地域上流动或重新组合,经济界将这一配置过程称为产业布局理论。产业布局理论强调空间位置对经济活动的影响,农业生产作为对土地和资源依赖较强的产业,其生产方式、生产成本和生产效率受空间位置的影响程度较高。产业布局理论的研究方面具有代表性的学说有杜能的农业区位论、韦伯的工业区位论以及克里斯塔勒的"中心地理论"。德国经济学家杜能1826年在其著作《孤立国同农业和国民经济的关系》中,在阐述农业发展与不同地区之间关系时提出了农业区位论;随着欧洲工业革命发展,德国经济学家韦伯从生产成本的角度讨论工业布局时,提出了工业区位论;20世纪30年代,德国城市地理学家克里斯塔勒创立了中心地理论,主要研究中心地的分布对其相对规模具有一定的影响,对于一项产业来说,中心地所形成的网络体系更加有利于实现产品的高效生产和流通,进而形成合理的空间结构。

对于一项产业来说,产业布局理论能帮助它分析在区域内的空间分布,并且对空间的优化组合给予指导。依据产业布局理论,产业的空间布局不仅受到自然资源、生产力、人口和经济的影响,还会受到交通、劳动力、政府政策与规模经济等诸多因素的作用,进而形成增长极分布模式、点轴分布模式、网络分布模式和地域产业综合体等结构形式。休闲农业的发展也符合产业布局理论所诠释的一般性规律,其空间分布也是一系列因素复杂作用的结果。

2.2.4 体验经济理论

1999年,体验经济理论(Experience Economy Theory)由美国经济学家约瑟夫·派恩和詹姆斯·吉尔摩在其《体验经济》一书中首次提出,将其界定为企业以服务为舞台,以商品为道具,围绕着消费者,创造出能够使消费者参与且值得消费者回忆的活动。两位作者认为,人类经济生活可分为农业经济、工业经济、服务经济和体验经济四个发展阶段,因此经济活动也可以区分为初级产品、商品、服务以及体验这四种类型(图2.1),体验为未来的经济增长提供了开启钥匙。体验具有非模仿性、唯一性及不可逆性。体验是一种客观存在的心理需要,是"从有形消费品到花钱买感觉",用看不到摸不着的感受和体验来衡量产品或服务的质量,便是体验经济的独特之处。同时,这也指明了在体验经济时代,企业经营的方向所在。体验经济是一种新的经济发展浪潮,更是生产力发展与人们需求不断升级相互作用的产物。依据人的参与程度及环境上的相关性,可以将体验分为娱乐(Entertainment)、教育(Education)、审美(Estheticism)和逃避现实(Escape)四个部分,这四个部分形成不同的情感感受,体验产品的设计与开发主要围绕着这四种体验展开。对于消费者来说,高质量的体验则是涵盖这四个领域的各个部分,即四者交叉所形成的集中点,称之为"甜蜜地带"(Sweet Point)(图2.2)。

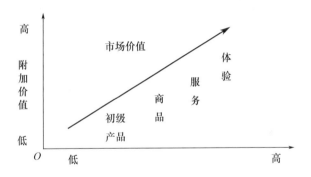

图 2.1　经济生活的四个阶段

休闲农业具有使游客深入体验田园生活的功能,是体验经济的一种重要表现形式。消费者来到休闲农业地多是希望感受农村环境、农民生活以及农耕文化,本质上就是体验。派恩和吉尔摩在阐述体验经济各要素时,曾做过一个形象的比喻:体验环境相当于舞台,体验项目内容相当于编剧,项目工艺流程相当于剧目,各项目的供给主体等同于表演。在此基础上,也可以相应地将休闲农业的各要素理解为:休闲农业环境＝剧场,规划营销＝编剧,各项体验项目＝剧目,休闲农业资源＝道具,休闲农业从业人员＝演员,旅游者＝观众。那么,在规划、营销项目工作中导入体验经济的理念,不仅可以提升休闲农业的档次和水平,更能提高产品附加值,进而更好地设计出受市场欢迎的休闲农业旅游项目及衍生农副产品。

2.2.5　消费者行为理论

行为,简单地说,就是举止行动,它是受人们的思想支配而表现出来的外表活

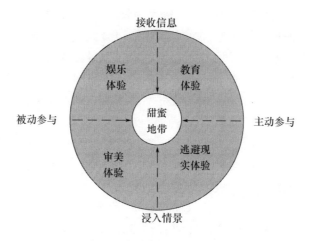

图 2.2 体验经济的构成部分

动,是一个联系不断的过程。消费者行为(Consumer Behavior)是指消费者在获取、消费及处置产品或服务时所采取的决策过程和身体活动。那么相应地,消费者行为理论可以理解为是研究消费者为满足其需要而对产品或服务获取信息、购买、使用、评价和处置的行为,探讨消费者的购买动机、购买决策和购买评价,以便帮助营销者设计更有效的营销战略的一种理论。消费者行为研究涉及范围比较广,具体包含社会学、心理学、经济学、行为学和人类学等学科领域。通常可以从宏观和微观两个层次对其展开研究:在宏观层次上,由于消费者行为与消费生活方式紧密相连,需要对消费者人口统计特征进行描述,称之为"描述性研究";在微观层次上,消费者行为与个体的认知水平、决策行为、态度和购买倾向等要素相联系,需要对其进行解释和说明,称其为"解释性研究"。美国市场营销协会(American Marketing Association,AMA)认为感知、认知、行为与环境之间的互动作用对于消费者行为有着显著的影响。旅游消费行为学术研究始于20世纪20年代,Niceforo 通过游客规模、逗留时间、消费偏好和消费能力等方面对国外客源市场进行研究,进而解释了旅游消费活动的经济含义。进入21世纪后,学术界借鉴消费者行为的思路和框架,运用不同方法多方面对旅游消费者行为展开研究,取得了丰硕成果。本书将消费者行为理论作为指导,设计出游客调查问卷,对休闲农业中游客的旅游动机、消费行为、满意度以及忠诚度等进行分析研究,从而指导休闲农业经营者设计出对目标市场具有吸引力的相关产品,引领山东省休闲农业健康持续发展。

2.2.6 参与式发展理论

参与(Participation)是从社会学理论中衍生出来的概念,从范畴上看是公众参与(Citizen Participation)系统中的一个组成部分。"参与式发展"的提出者美国康内尔大学 Noman Uphoft 教授指出:不仅要让发展主体参与项目的决策,更要让他们参与到项目的实施、利益分配、检测及评估工作中,它是发展主体既积极又全面介入项目的一种发展方式。它产生于20世纪40年代末期,最初是由在发展中国家发展援助活动演变而产生的,目的是动员当地群众加入到经济建设和社会发展中去,这种"社区发展战略"是参与式发展理论的雏形。20世纪70年代初,"社区发展战略"慢慢地失去了主导地位,参与式发展凭借着应用的广泛性开始成为国际发展领域中的关注热点。20世纪90年代后,参与式发展演化成为一种内涵丰富的参与式理论。也是在这一期间,参与式发展理论被引入我国并被广泛应用于我国经济建设领域,取得了显著的成效。

参与式发展的理念在很多发展领域尤其是农村发展领域中被广泛应用。"参与"反映的是一种普通民众被赋权的过程,"参与式发展"则是实施主体积极、全面地介入发展项目的一个过程。本书在"参与式发展"理论的指导下,研究农户参与休闲农业建设的相关情况。

2.2.7　可持续发展理论

可持续发展理论(Sustainable Development Theory)是人类对传统经济观所导致的环境和社会问题认识和反思之后,提出的一种科学发展观。工业革命之后,人类为了发展经济,走上了"先污染后治理"之路,导致生态环境不断恶化、生态资源持续枯竭。直到20世纪70年代末期,随着环境保护主义的兴起与"绿色"意识的形成和普及,人们才提高了对生态环境问题的关注程度。可持续发展的思想起源于生态环境领域,1980年,国际自然资源保护联合会、联合国环境规划署和世界自然基金会共同发表了《世界自然保护战略》,从生态的管理和利用角度,提出可持续发展。此后,社会各界开始从社会属性和经济属性等方面去认识可持续发展。1987年,由布伦特兰担任主席的联合国世界环境与发展委员会(WCED)以"我们共同的未来"为标题,提出了一份研究报告,正式提出了"可持续发展"这一术语,即"既满足当代人的需要,又不损害子孙后代满足其自身需要的能力",全面而系统地剖析了可持续发展理论的内涵。理论不仅强调了代际公平分配,还强调了经济的发展必须建立在维护自然系统的基础之上,要实现人类和大自然的和谐相处。这次会议不仅标志着可持续发展成为全人类的共同发展理念,而且明确把发展与环境密切联系在一起,使可持续发展走出了理论探索阶段开始付诸行动。可持续发展的正式提出,恰好处于学者对旅游的影响进行系统评价之时,因而迅速得到人们的认可并成为各地旅游发展评价中的关注点,"可持续旅游"也随之产生。

可持续旅游发展最重要的两个内涵一个是发展性,一个是持续性。发展性保证了社会的进步,持续性体现了调控手段的重要。对于休闲农业来说,第一,休闲农业是农业可持续发展的具体内容之一;第二,休闲农业的发展离不开可持续科学发展理论的指导。

2.3 本章小结

本章共分两个部分:第一部分,在有关休闲农业的研究和实践基础上,对休闲农业的概念、特征、功能及类型进行归纳和总结,为本书下一步撰写提供清晰思路;第二部分,介绍本书的相关理论基础,主要包括马克思的休闲思想观及休闲经济理论、农业多功能理论、产业布局理论、体验经济理论、消费者行为理论、参与式发展理论和可持续发展理论,这些理论为本书的进一步研究提供了基本的逻辑依据。

第3章 山东省休闲农业的兴起与发展

休闲农业作为一种新兴产业形态和新型消费业态,在社会经济发展中发挥着重要作用。在国外,休闲农业可以追溯到19世纪,如美国、英国、法国和德国等欧美国家就经常组织以"农场住宿""农业节庆"和"民俗文化"为主题的休闲旅游;1865年,意大利为了规范当时大规模发展的农业旅游业,专门成立了"乡村旅游全国协会",致力于吸引城镇居民到农村去体味乡村野趣。我国学术界通常将1984年开业的广东珠海白藤湖农民度假村视作国内休闲农业出现的主要标志,它是经济发达地区城市居民的需求与供给结合的必然要求。此后,农家乐和观光农业开始在浙江和四川等南方地区逐渐兴起并发展起来。2001年,为了满足游客的休闲需求和转变农业生产方式,国家旅游局和农业部共同确定发展"农业旅游",并向各地方颁布了相应的指导办法;次年,国家旅游局推出《全国农业旅游示范点、工业旅游示范点检查标准(试行)》,要求各地在做好农业资源普查的基础上,对照自身的发展实际积极开展农业旅游开发。自此之后,休闲农业在全国范围内自上而下全面展开,不仅成为一种新型的旅游方式得到消费者的认可,更是成为农业转型升级的重要途径。

山东省农业在全国具有举足轻重的作用,区域内农业资源异常丰富,粮食、蔬菜、瓜果种植面积均居全国前列,这为休闲农业的发展提供了良好的基础资源支撑。此外,区域内旅游业的持续快速发展和政府对农村旅游的政策举措也促进了山东省休闲农业的逐步扩展和壮大。本章结合休闲经济理论和农业多功能性理论,评估休闲农业兴起的资源基础和产业基础,梳理山东省休闲农业的发展历程,对当前休闲农业的发展模式和成效进行总结,以期认识山东省休闲农业发展的历史和现状,为后文休闲农业发展目标的制定提供基础支撑。

3.1 山东省休闲农业兴起的基础

(1)良好的农业基础。

山东一直是我国重要的农业大省,具有丰富多样的农业资源。山东省的气候和地形因素很利于农作物的生长,因为其得天独厚的自然条件,很早以前就发展了种植业,经济作物产量不断上升,粮食和经济作物都在不断地实行机械化生产。山东省生产蔬菜的条件十分优越,一直有"世界三大菜园"的美誉。同时,水果和花卉业发展特色也比较突出,如烟台苹果、莱阳梨、肥城桃和乐陵金丝小枣被誉为"北方水果四杰",菏泽被称为"中国牡丹之都"。丰富的农业资源为山东省休闲农业的发展创造了优越的条件。

近些年来,山东省农林牧渔业总产值一直呈现出较为稳定的增长(图3.1)。2010年,山东省农林牧渔总产值为6 573.8亿元;到了2019年,全省农林牧渔总产值已达9 671.7亿元,总产值居全国第一。总体说来,山东省农业经济保持了良好的发展势头,优势地位不断巩固,为休闲农业的开展提供了强有力的农业基础。

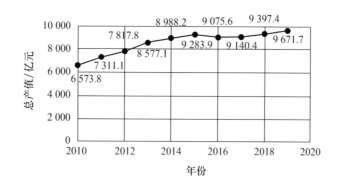

图3.1　2010—2019年山东省农林牧渔业总产值变化情况

(2)发达的旅游业。

山东拥有丰富的旅游资源和丰厚的文化底蕴,在建设旅游强省战略下,旅游业逐步成为山东省重点发展的战略产业,旅游产业较为发达。在旅游资源方面,除现代冰川和皇宫两项外,山东省具有中国现有66种旅游资源中的64种,截至2018年12月,山东省共有A级景区1 276家。在旅游收入方面,2019年,全省旅游消费总额高达10 885.40亿元,位列全国第八,占GDP(国内生产总值)、第三产业的比重分别为15.32%和28.92%。其中,入境旅游收入为34.1亿美元,国内旅游收入达10 851.3亿元。在游客数量方面,2019年,全省接待入境游客达521.3万人次,国内旅游人数为93 288.0万人次。近年来,山东省旅游业发展迅速,2010年到2019年,旅游总收入增长了272.16%,占GDP百分比从7.81%增长到15.32%,国内游客数量实现翻番,入境游客数量增长37.66%。具体统计如图3.2和表3.1所示。

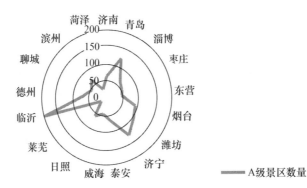

图 3.2 山东省 A 级景区数量统计

表 3.1 2010—2019 年山东省相关旅游指标统计

年份	国内游客总数 /万人次	游客总数 /万人次	国内旅游收入 /亿元	旅游总收入 /亿元	占GDP百分比 /%
2010	34 990	35 356.8	2 915.8	3 058.8	7.81
2011	41 696	42 120.4	3 573.7	3 736.6	8.23
2012	48 739	49 208.91	4 335.0	4 519.7	9.04
2013	54 262	54 714.71	5 014.7	5 183.9	9.47
2014	59 577.4	60 023.05	5 711.2	6 192.5	10.42
2015	65 045.4	65 506.18	6 505.1	7 063.0	11.21
2016	70 716.5	71 201.97	7 399.6	8 030.7	11.82
2017	77 966.2	78 460.57	8 491.5	9 200.3	12.67
2018	85 899.3	86 412.4	9 661.5	9 695.1	14.55
2019	93 288.0	93 809.3	10 851.3	10 885.4	15.32

通过图3.2和表3.1可以发现,近年来,山东省旅游业一直保持着良好的发展态势,这可以通过衡量区域旅游宏观发展情况的指标加以体现:2010—2019年十年间,山东省国内外游客总数增长了1.65倍;旅游收入也实现了跨越式增长,从2010年的3 058.8亿元增长到10 885.4亿元;再加上旅游总收入占GDP比重越来越高,由原先占比7.81%到占比15.32%。这些数据表明,近些年山东省旅游市场实现了蓬勃发展。有目共睹的是,休闲农业的发展与旅游业有着密不可分的关系,旅游业会源源不断向休闲农业输送客源,也会带动各区域交通、餐饮、零售、娱

乐业和零售业等的迅速发展。因此,从某种意义上来说,持续繁荣的旅游业势必会为山东省休闲农业带来新的发展机遇。

(3)完善的基础设施。

只有完善的基础设施条件,才能提高休闲农业的服务水平。基础设施主要包括交通运输、通信、供水供电、排污处理和环境卫生等方面,它是一切企业进行生产经营活动的保证。作为服务性较强的产业形式,休闲农业的发展离不开区域内基础设施的辅助性供给。其中,休闲农业对交通运输的依赖度较大,因为良好的交通条件不仅可以缩短游客与休闲农业地之间的空间距离、降低游客的时间成本,还可以带给游客良好的出行感受。

近年来,山东省交通、卫生、邮电和通信等基础设施建设不断完善,交通运输网络也比较发达。截至2019年底,山东省全年完成邮电业务总量6 504.6亿元,其中,电信业务总量5 786亿元。山东拥有较多的优良港口,民航发展速度较快,已经建成机场9个,铁路网络也日趋完善,高铁已覆盖全省17地市。截至2019年底,全省公路通车总里程达28.03万km,居全国第二位;公路密度为179 km/百 km^2,位列全国第三位。此外,山东省私人汽车数量急剧增多,拥有量达1 736万辆,位居全国首位,平均每6人拥有一辆私人汽车。私家车数量的增加对促进近途旅游起到了极大的推动作用。近些年山东省大力推进新农村和美丽乡村建设工程,整体改善了农村地区交通、卫生、通信和排污条件,为休闲农业的开发与建设奠定了基础,大大改善了区域内的旅游基础接待能力。

(4)不断增强的城市市场需求。

山东省经济发展迅速,自2010年以来,山东省人均GDP实现了稳步增长(图3.3)。2019年,全省共完成地区生产总值达到71 067.53亿元,相比上一年增长了6.63%,第一产业同比增长仅3.35%,第二产业同比增长2.86%,而第三产业同比增长达10.14%。按照常住人口计算,人均地区生产总值达到70 653元,城镇居民的人均可支配收入为42 329元。国际经验告诉我们这样一条规律:一般情况下,当一个国家或地区人均GDP超过6 000美元时,预示着该国或地区即将进入休闲时代,休闲旅游会随之快速发展。根据该规律,结合图3.3,我们可以发现,山东省2010年就基本进入休闲时代;伴随着近几年经济的持续快速发展,人均GDP也逐年增高,城市居民休闲的需求越发强烈,山东省休闲农业发展具有很大的发展空间。此外,随着城镇居民收入水平的提升,人们用于文化、娱乐、休闲等领域的支出不断增加,城市居民的物质需求得到了极大满足之后,精神需求被推到了亟待满足的前沿,再加上小长假及带薪休假制度的实施,为城市居民到农村地区进行休闲观光提供了更大的吸引力。

(5)积极的政策导向。

自2010年开始,中央一号文件每年都会针对休闲农业给出指导意见,旨在推

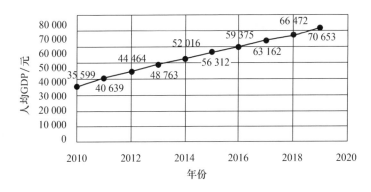

图 3.3　2010—2019 年山东省人均 GDP 走势图

动其成为农村发展的新兴产业。多年来,作为农业和旅游大省,休闲农业越来越受到山东各级政府的高度重视,大力发展休闲农业、改善农业产业结构,成为山东省促进农业提质增效、带动农民就业增收、推动农村一二三产业融合互动和实现乡村振兴的重要途径。

山东省对休闲农业的关注,最早可以追溯到 20 世纪 90 年代。当时,山东省政府要求各地制定若干能够促进农业旅游成长的基本体制形式,建立旅游公司、村和农户三者结合的模式,并制定了相应的保障措施;明确提出要把休闲农业的发展归于"三农"问题并给予重点扶持。2008 年 4 月,山东省旅游局制定了《山东省乡村旅游指导规划》,旨在对全省各地乡村旅游资源开发进行技术性指导。2010 年 4 月,山东省在全国率先成立了休闲农业与乡村旅游分会。2011 年,山东省政府先后出台了《山东省乡村旅游业振兴规划》和《山东省国民休闲发展纲要》,对全省休闲农业的发展起到积极的引导和促进作用,各地市也依据自身实际加强了休闲农业的规划和指导管理工作。如:2011 年 7 月,滨州市农业局和旅游局联合印发了《滨州市农家乐星级质量评定和管理办法》。最近几年,新农村合作社、家庭农场的组建,为促进休闲农业的快速成长打下了牢固、稳定的基础,成果逐渐显现,休闲农业呈现出前所未有的新气象。2016 年 1 月,山东省农业厅等多部门联合下发《关于积极开发农业多种功能　大力发展休闲农业的意见》,意见提出:到 2020 年,继续扩大休闲农业的规模,要培育 2 万个休闲农业经营主体,并带动 100 万受益农户,培育一大批"特色鲜明、功能全面"的休闲农业地为城乡居民提供"看得见山、望得见水、记得住乡愁"的高品质休闲体验。综上,积极的政策导向为山东休闲农业的进一步扩大发展提供了有利的条件,更为山东休闲农业的规范发展提供了有力保证。

3.2 山东省休闲农业的发展状况

3.2.1 山东省休闲农业的发展历程

山东省休闲农业开始于20世纪90年代初,"农家乐"和"渔家乐"是当时山东省休闲农业的主要形式。后来,逐步发展为以当地局限性的观光农业参观为主的旅游活动。经过几十年的发展,山东省休闲农业有了较大发展,开始走向规范化和品牌化经营。总的来说,其发展主要经历了四个阶段(表3.2)。

表3.2 山东省休闲农业发展历程

年份区间	阶段	特征表述
20世纪90年代初—2000年	自发阶段	以"渔家乐"和"农家乐"为主要形式,农户通过提供特色餐饮和住宿等多元化经营增加收入
2001—2005年	起步阶段	观光休闲农业兴起,尤其是采摘园广泛发展,游客除了品尝、购买外,还可享受乡野乐趣
2006—2009年	成长阶段	休闲农业从点状、线状,向面状大规模迅速扩大,类型丰富,功能全面
2010年至今	规范发展阶段	重视休闲农业"生产、生活、生态"的功能,对休闲农业给予规范管理,政府每年按照相关标准评定省级休闲农业示范点,休闲农业向标准化、产业化和规模化方向发展

(1)自发阶段(20世纪90年代初—2000年)。

20世纪90年代后,随着人民生活水平的提高和城市化进程的加快,在休闲经济刺激下,城市居民对休闲观光的需求日益增加。农业产业化的发展和5天工作日制度的施行又有效地推动了农业观光旅游的发展。为了满足广大城市居民的市场需求,1998年国家开始旅游局推出了"华夏城乡游"产品,提出了"吃农家饭,住农家院,做农家活,看农家景,享农家乐"的口号。该活动一出,一些大城市如广州、深圳、北京和成都等地在近郊自发开展农家乐经营活动;一些处于热门景区附近的农户也开始组织起民宿接待和游客餐饮活动。这种农家乐是休闲农业的最初形式,总体来说,产品较为单一,主要以观光为主。

山东省最初开发休闲农业的地区,主要集中在青岛、烟台和日照。20世纪90

年代末,山东沿海地区为了响应旅游局的倡导,一些农户开始尝试组织"住渔家屋、吃渔家饭、做渔家活、享渔家乐"的旅游活动,这些农户以渔业资源为依托、以自家庭院为空间、以家庭为单位组织成员自发地为游客提供住宿以及"特色渔家餐"为主的"渔家乐"初级产品,发展最为成功的有日照王家皂等地。以日照为例,1999年该市在全省率先开发"渔家乐"旅游产品,逐步发展,迅速受到市场欢迎并打开知名度,每年以百分之几十的速度递增,成为日照旅游发展中的拳头产品。"渔家乐"由此成为山东沿海地区休闲农业发展的代名词,并在全省以"农家乐"的模式得以快速普及与发展。

这一时期的山东省休闲农业活动主要是农户自发自主的经营,是对休闲旅游市场需求的一种自主反应。此外,"农家乐"入市门槛低,主要出现在城市近郊区、资源禀赋区和著名景区附近的农村地区,其空间形态主要表现为沿主要交通或经廊道散化分布的农家庭院,内容主要表现为简单的食宿服务。

(2)起步阶段(2001—2005年)。

随着经济的不断进步,人民的生活质量也跟着逐步提高,休闲爱好的内容和形式更是不断向纵向深入,"农家乐"旅游向观光休闲农业过渡。2001年1月召开的全国旅游工作会议,对我国休闲农业的发展具有里程碑意义。会议明确提出城郊地区和有客源优势的乡村地区,要规划建设一批农业旅游、生态旅游、山区旅游项目和度假休闲基地、农业科教基地。为了落实该政策,第二年,国家旅游局颁布了《全国农业旅游示范点、工业旅游示范点检查标准(试行)》通知。此后,各地纷纷按照通知中的标准建立起一大批形式丰富和模式多样的农业旅游示范点。2004年,国家旅游局经过严格的检查和筛选,最后公布了首批203个全国农业旅游示范点名单,其中山东省有25家,排名全国第一。

通过对休闲农业旅游资源的调查,山东省率先制定了《山东省旅游农业发展规划》,明确了全省休闲农业旅游发展的指导思想和战略构想。发展实践中,靠近城市近郊的一些农民,利用当地农村特有的旅游资源和特色农副产品,开设了以观光型旅游为主的休闲农业园,开展了品尝、购买、采摘、垂钓、野餐等多种农业休闲活动。这一阶段,很多地区依托农业观光园开设了以果蔬采摘为主题的休闲项目,获得了良好的经济效益。其中较有代表性的有肥城十万亩肥桃园、沾化冬枣生态旅游区、费县石林梨乡旅游区、枣庄峄城石榴园、青岛崂山北宅樱桃园和威海文登樱桃园等。在青岛崂山北宅,农户通过开展"农家乐"项目,年均营业收入可达10万多元,使得从前无人踏足的穷乡僻壤成为休闲胜地。在威海文登区,界石镇和葛家镇在原生态环境的基础上,凭借昆嵛山樱桃种植的资源优势,积极举办与樱桃相关的农业节庆活动,推动了当地经济的发展。2005年,樱桃节使得界石、葛家两镇4万多农户受益,有200多户村民纯收入达到了两万多元。其中,葛家镇80多万斤樱桃首次实现了全园内销售,并且价格还高出市场2倍多,樱桃为农民创造经济收入高达1 200多万元。

(3)成长阶段(2006—2009年)。

2006年,是"中国乡村游"的一年,旅游主题是"新农村、新旅游、新体验、新风尚"。2007年,国家旅游局和农业部联合发出有关大力推进乡村地区旅游发展的通告,明确提出要充分利用休闲农业的优势,进行统筹安排,通过深入实施"百千万"工程,积极推动传统农业的转型升级发展。在此基础上,两部门还携手构建了中国休闲农业网。自此开始,休闲农业以大城市为中心,从点状、线状,向面状大规模地迅速扩展,休闲内容从以观光为主开始向以体验、参与为主转变,休闲类型也从单一向综合转变。

在该阶段,山东省城镇居民到农村地区休闲的次数逐年递增,在休闲农业地的停留时间不断增加,综合消费水平和能力迅速提升。为了满足市民的多层次休闲需求,山东省各市、区(县)结合各项农业资源优势推出大量休闲项目,休闲农业地不仅在数量上出现了井喷式爆发,而且在内容、形式、功能和效果各方面也实现了质的飞跃。在功能方面,除了原有的展示、观光和采摘,还拓展了休闲农业地在休闲、体验、教育和娱乐方面的功能。经营主体方面,除了一些自发的农户利用自身农业资源开发休闲农业外,许多工商资本家加入进来,许多村镇以集体的形式进行规模开发。在形式方面,除了传统农家乐、采摘园外,涌现出休闲农庄、趣味园、农业文化园、休闲度假地和农业示范园等类型,其中引进国际先进现代农业设施的农业示范园(如烟台农博园),以瓜果花菜为载体,充分展示了现代农业科技的风采与魅力,它们不仅向游客展示了自动控制温度、湿度和无土栽培先进技术,而且还展示了新奇特农产品种,成为了农业科普示范旅游基地,提高了山东休闲农业的知名度。

(4)规范发展阶段(2010年至今)。

2010年中央一号文件提出要加快发展休闲农业和农村旅游服务业,旨在拓宽农村非农业人员就业空间。2011年,农业部制定了《全国休闲农业发展"十二五"规划》,并出台了一系列促进休闲农业发展的政策措施。各地的休闲农业地(区)经历了一轮又一轮发展的浪潮,伴随着如火如荼的长势,我国休闲农业也暴露出了如重复建设现象严重、规模小等很多问题,引发了政府的高度关注,政府开始给予规范管理。2011年开始,农业部制定了国家级休闲农业示范点的标准,并评定了第一批全国休闲农业示范点,要求各省市按照相关标准评定省市级休闲农业点,规范了休闲农业的发展。2015年1月,为了更好地促进休闲农业持续健康发展和建设美丽乡村,农业部成立了全国休闲农业专家委员会;2015年9月,为了进一步落实中央一号文件的有关部署和引导休闲农业持续健康发展,农业部又发布了《关于积极开发农业多种功能 大力促进休闲农业发展的通知》。这一系列的政策措施促进了我国休闲农业的标准化、产业化和规模化发展。

经过多年的发展,山东省的休闲农业已初具规模,几乎遍布城郊各区县,从最早的观光游览型逐渐转变为体验休闲型,再到现在多功能的休闲农业综合体也开始成型。休闲农业已经成为山东省农业的特色产业,成为了山东经济社会发展中的新亮点和新的增长点。为了促进休闲农业健康持续地发展,山东省农业厅制定出台了休闲农业的建设标准和奖励办法,加强了休闲农业的引导和管理,使之步入规范有序发展的轨道。自2011年开始,山东省农业厅每年都会评定一批休闲农业示范点,这些示范点对全省休闲农业发展起到较好的示范效应。这一阶段的休闲农业,强调生产、生活和生态等功能,注重品牌的培养。以临沂蒙阴县为例,该县注册了"蒙山农家乐"旅游品牌,并衍生出"果乡农家乐""桂香农家乐"和"生态农家乐"等系列品牌,制定了相应的《"蒙山农家乐"旅游服务质量等级评定评分标准》,严格按照该标准及细则对经营户进行周期评定,规范了区域内的项目,带动了百泉峪村、河头泉村和岱崮镇燕窝村等村区的迅速发展。据不完全统计,截止到2015年底,省内共有休闲农业12 000余家,包括9 000多家农家乐,3 200多家休闲观光园,解决了近50万人的就业问题,游客数量超过6 600万。

2016年1月,为了推进农村一二三产业融合发展,促进农业发展方式转变,山东省农业厅联合发展改革委员会、国土资源厅、旅游局等12个部门共同发布了《关于积极开发农业多种功能 大力发展休闲农业的意见》,指出要大力推动休闲农业的发展,各地要整合农业和其他资源特色进行联动发展,重点打造"红、黄、蓝、绿"四大休闲农业产业带:①鲁中南地区红色旅游资源丰富,民俗特色鲜明,为"红色休闲农业产业带";②黄河三角洲地区以黄河文化和生物资源丰富著称,为"黄色休闲农业产业带";③鲁东半岛地区海洋旅游资源具有一定的知名度和美誉度,为"蓝色休闲农业产业带";④鲁西、鲁北、鲁南平原地带,运河湿地和自然生态景观丰富,为"绿色休闲农业产业带"。到2020年,山东省要基本形成结构合理、类型丰富、功能完善、特色明显、发展规范的休闲农业格局。该意见为山东省休闲农业今后朝着标准化、产业化和规模化发展指明了道路。

3.2.2 山东省休闲农业的发展模式

山东各地由于经济水平、市场需求、地理区位、资源特色、农业生产方式与民俗风情等方面各不相同,休闲农业呈现出丰富多样的形式。通过第1章文献综述发现,目前学术界对休闲农业发展模式的总结多是基于地域、功能展示和产品特色等角度,从经营主体出发考虑的很少。但是从长期看,由于休闲农业涉及经营规模、土地集中、投资主体、受益主体、传统文化保护、食品安全与生态环境等方面,必须充分考虑到不同模式与经营主体的发展趋向。因此,本书主要依据经营管理主体的不同,将山东省休闲农业的发展模式总结如下。

(1)以农户为主导的开发模式。

以农户为主导的开发模式主要是在一些区位条件较好、与大中城市距离较近、经济基础和基础设施一般、旅游资源优势不突出的村落,这时农户个体经常采用自主自发的方式来发展休闲农业。具体形式可以详细分为两种:一是个体农户独体经营开发模式,对自家的农园、果园、牧场和民宅等进行改造,主要通过自家家庭成员进行休闲农业的接待和服务工作。如临沂、日照、枣庄等地的"农(渔)家乐"项目,多数都是农民以家庭为单位,利用自家住宅、庭院为游客提供农家食宿和农村生活体验等服务。另一种是农户联合(合作)经营的开发模式,该模式主要是农户为了追求规模经济效益,实现资源共享和优势互补,由个体经营走向联合开发经营的形式。表现最为典型的就是各地的采摘园,大都为这种联合开发模式。几家或更多的农户自发地联合起来,签订协议,在统一规划、统一组织、分工协作的基础上,分户经营管理,他们共同参与休闲农业旅游的开发、接待和服务,提高了竞争力。

(2)以政府为主导的开发模式。

以政府为主导的开发模式主要是由政府牵头和组织,政府作为推进休闲农业开发的主体,参与其资金筹措、规划设计、营销及管理等活动。以山东省休闲农业的发展实际来看,该模式主要体现在农业科技(现代)示范园及休闲农业资源丰富的村镇方面。

当前,山东省许多村镇拥有较为丰厚的休闲农业资源以及广阔的休闲市场,希望通过开展休闲农业活动带动当地经济的增长。但是很多地区又存在着旅游资金筹集困难、基础设施水平低下、宣传意识薄弱、旅游经营意识不强和旅游经营管理不规范等问题,这就需要政府发挥推动作用。枣庄山亭区就是该模式成功的典型代表,辖区内店子、城头、冯卯和北庄等镇政府等相关部门在对当地乡村自然和文化景观调查的基础上,科学规划与设计休闲农业项目,完善与旅游相关的基础设施建设,充分营造休闲旅游的环境氛围,打造出一批优秀的休闲农业示范点,2018年底,全区有5处被评为省级休闲农业旅游示范点,市级以上休闲农业示范点累计达到16家,休闲农业成为山亭区经济发展的一大亮点。另外,由于集生产、科研、推广和旅游于一体的现代农业示范园需要农业行政主管部门、发展改革部门、商务部门以及财政部门等多方协调配合,因而其发展大多也是以政府为主导,如被誉为"国家农业公园"的临沂代村兰陵现代农业示范园走的就是"统一规划、政府引导、农民参与"之路。值得注意的是,尽管有些农业示范园是政府项目,但其发展并不完全靠行政命令,而是实行运营市场化、服务市场化和人才市场化。兰陵农业示范园实行的就是"农民参与、市场化运作",由代村集体股份制企业——山东新天地现代农业开发有限公司管理运营。

(3) 以企业为主导的开发模式。

这种模式的休闲农业开发与经营管理基本都是纯粹的企业行为,其开发和经营主体大多是民营企业、股份制企业或其他类型企业。工商资本进军农业后,一些企业看中了休闲农业广阔的发展空间,便加入到休闲农业的开发和经营中来。由于他们没有或少有土地,主要通过向村镇集体、农户租赁土地使用权,再通过自身雄厚的资本和经济实力,建立完善的休闲旅游地,实行市场化开发经营。在山东,相当一部分的休闲农业观光园和休闲农庄都是工商资本投资商主导开发,经营管理施行制度化、规范化和标准化,效率高,业绩好。然而,企业的根本目的是追求经济利益,因而在开发过程中可能会过度商业化并对乡村自然资源带来一定的破坏。

3.2.3 山东省休闲农业的发展成效

经过近三十年的发展,山东省的休闲农业开始逐步走向完善,由点到线再到面的休闲农业格局已经基本形成。产业也已经从最初单一的景点景区开发向"行、游、食、住、购、娱"六大要素综合发展转变,并最终成为国民经济的重要组成部分。这个过程既是农业结构调整的过程,更是旅游需求带来的结果。在当前全域旅游和乡村振兴的背景下,山东省休闲农业的发展更是如火如荼,取得了较好的发展成效。

(1) 示范效应明显,规模持续扩大。

山东省休闲农业发展规模持续壮大,自 2010 年农业部开展休闲农业示范点评定开始,截至 2018 年底,已评定国家级休闲农业和乡村旅游示范县、示范点分别达到 20 个、30 个,省级以上农业旅游示范点有 240 个,星级农家乐有 4 422 家。这些示范点为其他经营主体树立了标杆,对全省休闲农业发展起到了很好的示范效应。截至 2018 年 6 月,德州市已有国家级休闲农业与乡村旅游示范点 4 个,国家级农业文化遗产 2 项,省级休闲农业与乡村旅游示范县 2 个、示范点 5 个,带动全市 699 个休闲农业经营主体年均接待游客 438 万人次,实现营业收入 8 亿元,2.3 万户农民受益。而烟台蓬莱市则借助创建国家级休闲农业示范县的有利时机,把休闲农业作为旅游产业发展的重点在全市深入推进,确立"特色旅游村、旅游风情小镇"的休闲旅游全域化布局,示范县的成功创建大大提高了蓬莱休闲农业的知名度。

(2) 形式丰富多样,农旅初步融合。

山东省农业资源和旅游资源丰富,农产品特色多、品质优,依托特有的山水资源禀赋和乡村文化,构建了一批特色休闲农业。截至 2018 年底,山东省已经培育了 240 个省级休闲农业示范点,这些景区跨越了农(渔)家乐、采摘园、民俗园、休闲农庄、农业观光园、现代农业园和现代乡村等多个领域,能够满足消费者多样的需求。也就是说,山东省休闲农业历经农户自发组织农(渔)家乐到各类生态园区融合农业与旅游活动的发展过程,从农户自主无序经营,逐渐向政府引导、农户和农民合作社为主体、市场和企业运作的经营模式转变,表示农旅融合已初步形成。另外,通过开展休闲农业,郊区乡村承接了都市旺盛的休闲消费需求,社会经济得到了迅速提升,从另一方面也促进了山东省农业三产的融合。

(3)农民收入持续增长,乡村环境更加美丽。

休闲农业使农民摆脱了单纯依靠产量增长增收的方式,让乡村自然、绿色、质朴的资源要素转变成了农民增收的重要筹码。休闲农业帮助农民在"靠天吃饭"的农事生产之外,在淡季也能透过参与休闲农业经营活动来抵消农业带来的收入波动,这种新颖的生产方式吸引了很多农民自主创业,使得一批农户的腰包鼓了起来。而开展休闲农业给农村带来的巨大客流及资金,又带动了农村经济的发展,使得乡村面貌一新、生态优美、环境整洁卫生,农民的生活环境得到极大改善。以荣成东楮岛村为例,2012年村里对600多间闲置的海草房进行保护性修复和开发,打造成精品民宿,结合渔家乐产品发展康养休闲旅游。民宿开放后,得到了游客的极大青睐,秋冬时节更是"一房难求",不仅使得农民收入增加,还解决了当地农民的就业问题,海草房已成为荣成一张靓丽名片,吸引了大批全国各地的游客来此游览观光。

(4)节庆活动丰富,发展潜力巨大。

在休闲农业单点经营持续向好的基础之上,农业节庆成为有效促进山东省休闲农业旅游繁荣的又一大利器。各地结合自身农业特色的季节性生产特点,组织举办了丰富多彩的农业农事节庆活动,大大促进了旅游消费。围绕农业部开展的"春节到农家过大年""早春到乡村去踏青""初夏到农村品美食"和"仲秋到田间去采摘"等主题活动,山东打造了一大批特色农业节庆,实现了月月有节。其中,荣成国际渔民节、烟台莱阳梨花节、济南平阴玫瑰花节、长岛扇贝节、青岛大泽山葡萄节、肥城桃花节、乐陵金丝小枣节、沂水(泉庄)采摘艺术节、威海海鲜节及枣庄国际石榴节等节庆已经发展成为品牌,每年都能吸引各地的游客前来体验。2016年7月2日—10月31日,沂水泉庄镇举办了第五届采摘艺术节,该届采摘节共接待游客6万人次,实现旅游收入700万元。通过农业节庆活动的举办,山东省休闲农业的互动性、趣味性和吸引力得到进一步提升,为山东休闲农业发展创造了更加可观的效益。

3.3　本章小结

本章主要分析了山东省休闲农业的兴起与发展情况,主要内容与结论如下:
①分析山东省休闲农业兴起的条件,区域内良好的农业基础、发达的旅游业、

完善的基础设施、广阔的市场需求以及积极的政策导向是山东省休闲农业兴起与发展的有益支撑。

②梳理山东省休闲农业的发展历程和发展模式,山东省休闲农业发展经历了自发阶段、起步阶段、成长阶段和规范发展阶段,依据经营管理主体的不同,将山东省休闲农业的发展模式总结为以农户为主导的开发模式、以政府为主导的开发模式以及以企业为主的开发模式。

③总结山东省休闲农业的发展成效。经过近三十年的发展,山东省的休闲农业取得了较好的发展成效:形式丰富多样,农旅初步融合;农民收入持续增长,乡村环境更加美丽;节庆活动丰富,发展潜力巨大。随着游客需求的变化,未来山东省休闲农业会逐渐向多样化、个性化和精细化方向发展。

第4章 山东省休闲农业资源的空间分布及成因研究

山东省休闲农业旅游资源丰富,休闲农业发展较为迅速,已经成为促进农民就业增收和满足城镇居民休闲需求的民生产业。同时,任何一项产业的发展都离不开资源的支持。各项休闲农业资源是休闲农业活动产生和发展的物质载体,它的空间分布和组合状况对市场的规模、效益以及游客的空间行为有着直接的决定作用。本章以240个休闲农业示范地作为研究标本,运用Google Earth和ArcGIS技术对山东省区域内休闲农业的空间分布进行研究,并构建计量模型对山东省休闲农业空间分布的影响因素进行实证分析,以期揭示山东省休闲农业空间分布规律,为整合发展要素,发挥地域优势,建设有特色的休闲农业旅游地提供理论基础。

4.1 Google Earth 技术

Google Earth 软件是由 Google 公司设计研发的一款虚拟地球仪软件,于2005年6月面向全球推出,它将卫星影像、航拍数据、GIS 技术整合在一起,布置在一个地球的三维模型上。Google Earth 的卫星影像,并非单一数据来源,而是卫星影像与航拍的数据整合,其卫星影像空间分辨率从 0.61 m 到 100 m 不等。Google Earth 的数据库信息丰富,图片分辨率高,能够满足多领域用户的多种空间信息获取需求。

Google Earth 含有大量的数据信息,既有各个国家和地区的精确位置、其各自行政区域的划分范围,也有道路、企业、景点、学校、医院等人文地理要素,还包括各地区的地形、地貌、水陆分布状况等自然地理环境要素等。一方面,Google Earth 软件用户可以快速查询目标对象的信息,并在地图上显著标识出具体位置;另一方面,借助软件中图层叠加和分层显示功能,不仅可以全方位展现某地的风貌,还可以有针对性地查看和提取单一地理要素。Google Earth 凭借其功能的强大性、使用的便利性以及操作的灵活性被逐渐应用到生产、生活和研究的各个领域之中,在地理信息技术的推动下,它在信息获取和分析方面的优势得到进一步提升。本书主要运用 Google Earth 中的位置查询功能得到各个休闲农业地的坐标与高程,用于生成图层。

4.2　GIS 和 ArcGIS 技术

GIS(Geographic Information System)是一种综合处理和分析地理空间数据的技术系统,又被称为"地学信息系统"或者"资源与环境信息系统"。具体来说,它是采用地理学、信息学、系统工程等理论和方法,在计算机硬件和软件系统的支持下,在地理空间数据库基础上,对空间相关数据进行收集、存储、管理、处理、分析和展示,进而解决用户复杂的规划、管理、决策和研究等任务的计算机技术系统。一般来说,GIS 主要具有四个功能:①数据的采集与编辑功能;②制图功能;③地理数据库管理功能;④空间查询与空间分析功能。GIS 对数据的分析可以完整描述为:数据采集、数据存储、管理、处理、检索、分析和结果显示。目前,在我国广泛使用的 GIS 软件既有国外软件,如 ArcGIS、Mapinfo 和 GeoMedia 等,也有国内软件,如 MapGIS、CityStar 和 SuperMap 等。需要说明的是,本书在对空间数据进行分析时,主要运用的是美国环境系统研究所(ESRI)的 ArcGIS 软件。

ArcGIS 主要由三大模块组成,分别是:ArcCatalog(空间数据库)、ArcMap(地图)和 ArcToolbox(空间数据处理分析工具集)。其中,空间数据库的主要功能是查看和管理空间数据,地图主要是从空间可视化的角度进行显示,而空间数据处理分析工具集则是从空间处理的角度来分析和编辑空间属性的数据。这三大模块是组成一个完整 GIS 的最为核心的内容,并被用于所有 GIS 应用中。其中,空间数据处理分析是 ArcGIS 空间分析中应用较为广泛的领域,它可以通过构建空间数据模型来简化抽象空间实体之间的关系,尽管对研究数据和对象有特殊的要求,但是在研究空间规律方面有着很大的优越性。在我国,ArcGIS 在旅游方面的应用最早体现在制作旅游地图中,在旅游规划管理工作中起到了积极的作用,之后很多学者开始尝试运用它来对自然旅游资源和人文旅游资源进行空间评价。如周庆运用 ArcGIS 对广东省已建立的自然保护区进行空间分析,发现自然保护区在区域空间水平上表现为随机分布,并且保护区之间连接度不高,隔离程度表现出显著的差别;黄华结合计量地理方法和 ArcGIS 分析得出,我国漂流旅游景区主要分布在中东部地区,呈空间凝聚态势且分布的均衡度很低,多位于降水充沛的季风性气候区,在山地丘陵地区呈现出明显的条带状凝聚;魏鸿雁通过 ArcGIS 对南京休闲农业景点进行可视化表达,并对其时间和空间分布情况进行了研究。蔡碧凡运用 ArcGIS 分析得到浙江省 3A 级、4A 级和 5A 级景区在省内的分布类型分别为集聚型、集聚型和均匀型,优良景区在浙北、浙东、浙南、浙西四大地理区域的空间分布呈现"东北热,西南冷"的格局;赵慧莎运用 ArcGIS 分析了国家全域旅游示范区的空间分布形态、集聚特征和省域分布特征。山东省休闲农业空间结构研究过程中,涉及多种空间要素的分布及作用机理分析,本书主要通过 ArcGIS 10.3 软件对其进行空间结构的探析,其空间分析模块和空间分析模型将为山东省休闲农业的空间结构分析提供有效的技术支撑。

4.3 山东省休闲农业资源的空间分布特征分析

4.3.1 数据来源及处理

4.3.1.1 数据来源

基于休闲农业的代表性以及数据的科学性、可操作性等原则,本书将研究对象设置为山东省范围内示范带动作用较强、经营规模较大、知名度较高、管理规范、发展成长性好、能够代表地区休闲农业发展水平、具有典型意义的休闲农业示范点。主要包括两部分内容:一是国家级休闲农业示范点,数据信息主要来源于中华人民共和国农业农村部(http://www.moa.gov.cn/);二是省级休闲农业示范点,数据信息主要来源于山东省农业农村厅(山东省乡村振兴局)(http://nync.shandong.gov.cn/)、山东旅游政务网(http://www.sdta.gov.cn/)。由于部分示范点既是国家级休闲农业示范点,又是省级休闲农业示范点,为避免重复,故将此类示范点进行合并处理,最终整理得到山东省休闲农业示范点240家,涵盖全省17个地市。人口、经济等数据来源于《山东省统计年鉴》,景区数据来源于山东省及各地市旅游局(文化和旅游局)官网。

4.3.1.2 数据处理

本书以山东省6批共240个星级休闲农业景点为研究样本,首先运用Excel软件对240个休闲农业点进行整理;其次,利用坐标拾取系统Google Earth软件提取研究对象的空间地理坐标(经度纬度坐标数据),将坐标数据导入Excel表格中;再次,借助ArcGIS 10.3添加XY数据的方法,将这些样本点数据添加到已配准地理坐标的山东省矢量地图上,并采用WGS-84地理坐标系将示范点点要素进行数字化处理,再通过投影将其转为北京54投影坐标系;最后,绘制出山东省休闲农业示范点的空间分布图,以便进一步分析。此外,本书进行信息采集和空间分析的工作底图来源于国家基础地理信息中心(http://www.ngcc.cn)的1:400万地图数据库。

4.3.2 研究方法

(1)平均最近邻分析(Average Nearest Neighbor Analysis)。

它是分析点状事物空间分布特征较为常用的一种方法,它是先计算每个点与其最近点之间的观测平均距离,再将该平均距离与随机模式下的预期平均距离进行比较,进而得到每个点分布的偏离程度。本书主要通过平均最近邻比率(ANN)

来分析山东省休闲农业资源空间布局的模式是属于凝聚、随机还是均匀分布。计算公式为

$$\text{ANN} = \frac{R_0}{R_e} = \frac{R_0}{1/2\sqrt{N/A}} = 2R_0\sqrt{N/A} \qquad ①$$

式中：R_0 为每个点与其最近点之间距离的平均值，$R_0 = \sum_{i=1}^{N} d_i/N$，$d_i$ 为示范点 i 与其最近邻的示范点的距离，N 为点状要素的总数；R_e 为假设随机模式下点状要素的期望平均距离；A 为研究区域的面积。当 ANN < 1 时，点状要素趋于凝聚分布；当 ANN = 1 时，点状要素偏向随机分布；当 ANN > 1 时，这些点状要素则偏向于均匀分布。由于平均最近邻比率是基于假设完全空间随机性（Completely Spatial Random, CSR）的状态衡量目标的空间分布，故而要通过正态分布检验得到临界值 z 得分（z score）和显著性水平 p 值（p value）来判断假设是否成立。

（2）地理集中指数。

该指数是地理学研究中被用来分析研究对象集聚程度的常用指标之一，本书主要用它来研究各类休闲农业资源在山东省际尺度上的集聚状况。地理集中指数用公式表示为

$$F = 100 \times \sqrt{\sum_{i=1}^{n} \left(\frac{x_i}{T}\right)} \qquad ②$$

式中：F 为休闲农业的地理集中指数；x_i 为第 i 个地市休闲农业示范点的数量；T 为休闲农业示范点总数；n 为山东省地级市总数。F 取值在 0～100 之间，F 值越大，休闲农业分布的集聚状况越明显；F 值越小，则分布越分散。

（3）基尼系数。

基尼系数是经济学中用来表示收入分配均衡程度的重要指标，后来被引入到地理学研究中，可以用于刻画空间要素的分布，也可以对两个空间要素的分布进行对比，是用来描述离散区域空间分布的重要方法之一。本书主要用其对不同区域内休闲农业景点分布差异进行对比，从而找出地域分布变化的规律。其计算公式为

$$G = \frac{-\sum_{i=1}^{N} p_i \ln p_i}{\ln N} \qquad ③$$

$$C = 1 - G \qquad ④$$

式中：G 为基尼指数；C 为分布均匀度；p_i 为第 i 个区域内休闲农业点数在全省所占比重；N 为区域总数。其中，G 值在 0～1 之间，G 值越接近于 0，表明区域间分布越平均；G 值越接近于 1，则表明区域间分布越集中。

（4）核密度估算。

为了辨析休闲农业点的分布格局，探求其分异特征，需要进一步研究空间聚

集的聚集中心(空间分布热点)。空间凝聚区域分析,多采用分布密度来测量。核密度估计法(Kernel Density Estimation, KDE)是一种现代非参数统计方法的代表,它认为在空间中,事件是随机发生的,但是发生的概率与空间位置有着极为密切的关系。核密度估计值通过输入的空间数据来判断事件的空间集聚状态,重点反映一个"核"对周边分布的影响强度。一般来说,核密度估计值越大,该区域内点的分布就越密集;反之亦然。本书主要运用核密度估计的方法来分析和检验山东省休闲农业示范点空间布局的密度大小。其公式为

$$f_n(x) = \frac{1}{nh^2} \sum_{j=1}^{n} k\left(\frac{x - x_j}{h}\right) \qquad ⑤$$

式中:$f_n(x)$为点x的核密度值;$(x - x_j)$表示位置x到第j个观测位置的距离;$h > 0$为带宽;k为核函数;n为所有观测点的数目。$f_n(x)$值越高,表明山东省休闲农业示范点空间分布密度越大,反之则越小。

4.3.3 山东省休闲农业资源的空间分布特征

以山东省市级行政区为基本空间单元,运用ArcGIS 10.3对山东省休闲农业示范点的空间关联程度进行研究。通过计算,山东省休闲农业示范点空间分布的全局莫兰指数$I = 0.49$,$P = 0.04$,检验结果较为显著,休闲农业示范点空间分布存在显著的空间关联性。

(1)结构类型分析。

按照休闲农业地的功能和性质,参考《旅游资源分类、调查与评价》(GB/T 18972—2017),依据第2章中对休闲农业的分类,在参考前人研究成果并结合休闲农业资源实际发展情况的基础上,本书依据资源的功能和性质将山东省休闲农业资源划分为休闲观光、农事体验、农业科技、乡村文化和特色村镇5个一级类和18个二级类,具体分类情况见表4.1。

表4.1 山东省休闲农业资源分类体系及所占比重

一级类	二级类	数量/个	比重/%
休闲观光类 (105个)	农业观光区(园)	47	19.58
	休闲农庄(场)	23	9.58
	休闲度假区	16	6.67
	自然风景区	19	7.92
农事体验类 (42个)	生态体验园	9	3.75
	采摘园	24	10.00
	农(渔)家乐	5	2.08
	趣味园	4	1.67

续表

一级类	二级类	数量/个	比重/%
农业科技类 (38个)	现代农业园	16	6.67
	科技产业园	18	7.50
	农业示范园	4	1.67
乡村文化类 (9个)	农业文化园(区)	5	2.08
	茶(园)艺场	3	1.25
	民俗园(区)	1	0.42
特色村镇类 (46个)	现代乡村	14	5.83
	民俗村(寨)	4	1.67
	历史文化名村	6	2.50
	生态文化村	22	9.17

从表4.1中可以发现,目前山东省休闲观光类的休闲农业点数量最多,约占总量的43.75%;其次为特色村镇类,约占总量的19.17%;第三、第四位是农事体验类和农业科技类,分别约占总量的17.50%和15.83%;乡村文化类最少,仅占总量的3.75%。这表明:首先,山东省多样化的农业资源和广阔的市场需求形成了较为丰富的休闲农业资源类型,不仅涉及了休闲农业的各个方面,还满足了不同游客的需求;其次,受到开发条件及经济特征的影响,各类资源的发展规模和内部结构还存在一定差异;再次,休闲观光类资源数量最多,说明山东省休闲农业的发展还处于功能比较单一的初级阶段,产品的层次和体验的深度亟待提升。

(2)空间分布类型分析。

虽然通过分布图可以直观了解要素的分布状况,但凝聚、随机和均匀三种情况有时会同时呈现出来,平均最近邻分析法可以解决这一问题。运用ArcGIS 10.3软件中Spatial Statistics Tools中的Average Nearest Neighbor工具对其进行运算,得到山东省整体和各类休闲农业的最近邻指数及其相关显著性检验结果,见表4.2。

表4.2 山东省休闲农业资源空间分布类型

休闲农业类型	数量	R_0	R_e	ANN	P(显著度水平)	分布状态
全部休闲农业	240	0.11	0.17	0.62	0.00	凝聚型
休闲观光类	105	0.25	0.61	0.41	0.00	凝聚型
农事体验类	42	0.39	0.41	0.95	0.73	随机型
农业科技类	38	0.28	0.33	0.86	0.14	随机-凝聚型
特色村镇类	46	0.33	0.52	0.65	0.09	凝聚型

注:由于乡村文化类样本过少,不予考虑。

由表 4.2 可知,山东省内所有休闲农业平均最近邻比率 ANN = 0.62 < 1,校验值 $Z = -6.79 < -2.58$,P 值为 0.000 0。通过地理集中指数测算,计算结果 $F = 25.87$。因此,山东省休闲农业资源总体趋于凝聚型分布。其中,休闲观光类及特色村镇类休闲农业的 ANN 分别为 0.41 和 0.65,说明其在区域空间上呈凝聚分布;农事体验类及农业科技类趋于随机型分布,ANN 分别为 0.95 和 0.86,但呈现出不显著性。

比较已有研究中旅游地空间分布的平均最近邻指数,可以发现,目前山东省休闲农业地的空间集中度小于湖南,与上海和江苏接近,高于陕西、湖北和福建等地(见表 4.3)。尽管通过最近邻指数分析可以判断区域内不同类型休闲农业资源的空间分布类型,但却无法具体体现休闲农业在不同空间尺度下的分布特征。

表 4.3　各区域休闲农业资源凝聚程度比较

区域	山东	福建	江苏	山西	上海	湖北	湖南	全国
ANN	0.62	0.88	0.67	0.73	0.65	0.85	0.449	0.498

资料来源:根据现有文献整理所得。

(3)空间分布不均衡程度分析。

为了更加准确地分析山东省休闲农业资源空间分布在市域范围内的均衡程度,分别统计全省 17 个地市拥有的休闲农业资源的数量(见表 4.4)。利用式③和式④可计算出山东省休闲农业空间分布的基尼系数 $G = 0.97$,$C = 0.03$,说明山东省休闲农业资源在 17 个地市内呈高度集中分布,各地市间发展不平衡。地理集中指数计算表明,山东省五大类休闲农业的集聚状况差异较大,其中,休闲观光类的集聚程度最高,农村文化类集聚程度最低。总体看来,休闲观光类、农事体验类、特色村镇类、农业科技类及农村文化类之间呈逐级增长趋势。此外,通过与山东省休闲农业的整体地理集中指数 F 相比较发现,五大类休闲农业的 F'(各类休闲农业资源的地理集中指数)均大于 $F = 25.87$。结果进一步表明,山东省休闲农业的分布在省际空间尺度上分布较为集中,便于发挥区域内部的集聚优势,实现资源的综合开发,对延长休闲农业产业链,提升区域竞争力有重要意义。

表 4.4　山东省 17 个地市休闲农业资源分布状况

区域	济南	淄博	青岛	枣庄	东营	烟台	潍坊	济宁	泰安	威海	日照	莱芜	临沂	德州	聊城	滨州	菏泽
个数/个	16	5	20	14	5	17	22	21	12	13	15	5	21	15	12	14	13

(4)市域分布特征分析。

在ArcGIS 10.3中利用Quantities进行可视化处理,按照自然断点法可将山东省休闲农业资源的市域分布状况分为四个层次,得出山东省休闲农业发展等级空间分异图。结果显示出:潍坊、济宁、临沂及青岛市的休闲农业地最为集中,济南和青岛等市域分布也较为明显,而淄博、莱芜及东营市远低于均匀分布比例。

(5)空间分布凝聚区域分析。

空间凝聚区域分析,多数采用分布密度进行测度。山东省休闲农业资源的平均分布密度为 15.189 9 个/万 km^2,但不同区域的分布密度差异较大。其中,枣庄的分布密度最高,为 30.77 个/万 km^2;日照、威海、青岛次之,分布密度均大于20%;而东营的分布密度最低,为 6.31 个/万 km^2。为了更好地体现这一特征,本书运用 ArcGIS 10.3 软件中的 Kernel Density 工具对 240 个省级休闲农业资源进行核密度估计并生成核密度图。结果显示:核密度估计值最高的热点区域分布在枣庄—济宁区域、济南—泰安区域;其次是滨州东南和日照东部区域次级核心区;此外,潍坊中、青岛南、威海东和德州南等地区也零星地存在一些聚集区。总体上可以说,山东省休闲农业资源在空间分布密度上体现出明显的"大分散、小集聚"的分布特点,区域内呈现连片式发展模式;从地区差异来看,鲁中休闲农业示范点空间分布密度较高。

4.4 山东省休闲农业资源空间分布的成因研究

上述分析表明,山东省休闲农业资源存在着显著的地理空间分异特征,结合现有文献对休闲农业分异影响因素的研究以及课题组对山东省休闲农业点空间分布成因的探讨,这种空间分异特征受到多重因素的影响。本书从资源禀赋、经济、客源、交通和政策倾向等要素进一步探究对其产生的影响。

4.4.1 社会经济基础

经济发展是区域内产业发展的基础,休闲农业作为农业和旅游活动的形态之一,其区域内资源的整体规划以及产品设计均需要不同程度上地方经济的支持。首先,通过山东统计信息网公布的 2014—2018 年各地市生产总值,将其均值作为衡量区域经济发展程度的指标,并将 17 个地市划分为经济发达城市(GDP 均值5 000 亿元以上)、中等发达城市(GDP 均值 3 000 亿元—5 000 亿元)以及欠发达城市(GDP 均值 3 000 亿元以下),见表 4.5。其次,运用 ArcGIS 10.3 中 Jenks 自然断点法将 2018 年山东省各地区生产总值划分为三个层次,发现表、图两者具有高度一致性。最后,将山东省各地区生产总值层次图与山东省休闲农业示范点分布图进行叠加,结果发现:①乡村文化类和农业科技类主要分布在经济发达和中等发达地区,因为这些城市具有较为成熟的产业结构和文化背景,具备寻找第一产业与第二、第三产业融合与创新的能力;②休闲观光类和农事体验类分布于各地市,农(渔)家乐、采摘园、自然风景区主要分布在欠发达地区,而休闲观光园、休闲度假区、休闲农庄以及生态体验园多分布在经济发达及中等发达地区;③特色村镇类由于对经济支持、基础设施及服务要求较高并且建设规模较大等原因,主要分布在经济较为发达的地区。

表4.5 山东省17地市GDP总量(亿元)及经济发展程度

地区	年份					GDP均值	经济发展程度
	2018	2017	2016	2015	2014		
济南	7 856.56	6 536.12	6 100.23	5 770.60	4 803.67	6 213.44	发达
青岛	12 001.52	10 011.29	9 300.07	8 692.10	7 302.11	9 461.42	发达
淄博	5 068.35	4 412.01	4 130.24	4 029.77	3 557.21	4 239.52	中等发达
枣庄	2 402.38	2 142.63	2 031.00	1 980.13	1 702.92	2 051.81	欠发达
东营	4 152.47	3 479.60	3 450.64	3 430.49	3 000.66	3 502.77	中等发达
烟台	7 832.58	6 925.66	6 446.08	6 002.08	5 281.38	6 497.56	发达
潍坊	6 156.78	5 525.68	5 170.53	4 786.74	4 012.43	5 130.43	发达
济宁	4 930.58	4 301.82	4 013.12	3 800.06	3 189.37	4 046.99	中等发达
泰安	3 651.53	3 316.79	3 158.39	3 002.19	2 547.01	3 135.18	中等发达
威海	3 641.48	3 212.20	3 001.57	2 790.34	2 337.86	2 996.69	欠发达
日照	2 202.17	1 802.49	1 670.80	1 611.84	1 352.57	1 727.97	欠发达
莱芜	1 005.65	702.76	665.83	687.60	631.41	738.65	欠发达
临沂	4 717.80	4 026.75	3 763.17	3 569.80	3 012.81	3 818.07	中等发达
德州	3 380.30	2 932.99	2 750.94	2 596.08	2 230.55	2 778.17	欠发达
聊城	3 152.15	2 859.18	2 663.62	2 516.40	2 146.75	2 667.62	欠发达
滨州	2 601.14	2 470.10	2 355.33	2 276.71	1 987.73	2 338.20	欠发达
菏泽	3 078.78	2 560.24	2 400.96	2 222.19	1 787.36	2 409.91	欠发达

4.4.2 资源禀赋条件

休闲农业是一种特殊的经济生产体系,是农业和旅游相互融合与延伸的产物,农业资源和旅游资源的数量、质量、独特性、知名度及美誉度等影响着休闲农业的空间布局。在实践调查中发现,游客在选择休闲旅游地的时候总会优先考虑那些资源和项目较为集中的地方,而休闲农业资源富集区域往往也是旅游资源和农业资源条件集中分布的区域。山东省休闲农业示范点最为集中的区域如青岛、临沂和济宁恰好也是A级景区最为丰富的区域,休闲观光类示范更是体现出对A级景区的依赖性。因此,可以说,山东省休闲农业地的分布具有典型的景区依托型特征,景区是旅游供给的物质载体。截至2018年12月,山东省共拥有A级旅游景区1 276家,3A级以上旅游景区639家。其中,81%的旅游景区都分布在农村地区,这些景区不乏旅游发展较早、较为成熟的4A级以上景区,以景区为核心、发挥景区边缘效应和农业资源互补效应是当前山东省多数休闲农业的发展模式,因而丰富的旅游景区成为山东省休闲农业发展的有效依托。

4.4.3 交通区位

休闲农业的发展程度与交通可达性具有非常紧密的联系,良好的交通可达性可以在一定程度上缩短客源地与目的地之间的时间距离,在节约时间、经济成本的同时又增加对游客的吸引力。休闲农业的客源以城镇居民为主,出游多以近程为主,在交通工具上通常采用自驾汽车、客运汽车及自行车等方式,因而对公路交通系统的发育程度要求较高,良好的交通区位有利于游客群体的发展与培育。运用ArcGIS 10.3将山东省休闲农业的空间分布与主要公路分布图进行叠加,结果显示:山东省休闲农业地主要分布在主要交通干道周围,且多数示范点距附近交通干线的直线距离在10 km之内。其中,特色村镇类、乡村文化类和农事体验类对交通环境的敏感度较高,主要分布在交通干道节点处,而保存原始古村落风貌的历史文化名村古镇,对交通条件的依赖程度更强。

4.4.4 客源市场

客源因素是休闲农业产生与发展的基础,客源市场条件更是推动休闲农业大力发展的主要因素之一,加之居民休闲的出游市场具有距离衰减性,决定了休闲农业地数量在空间上呈现出以人口集聚区为中心向周边的距离递减的现象。一般来说,休闲农业地的客源市场以2小时交通半径范围内的城市居民为主,因此,休闲农业地必然在人口密度较大的城市及周边地区优先发展。在研究中发现,山东省240个休闲农业地相对集中分布的城市,如潍坊、青岛、临沂和济宁等地,其人口总数均在800万以上,充分体现了休闲农业对人口相对密度的客源市场依赖度较高。另外,在五大类休闲农业资源中,休闲观光类对城市人口的密度依赖度最大,而农业科技类对人口密度的依赖性最小。

4.4.5 政策倾向

政策导向是影响各地休闲农业发展及空间结构极为关键的因素,国家宏观政策和地方政府的行动力是休闲农业发展与功能完善的重要保障,而通过旅游扶贫来带动乡村经济发展也是近年政府决策的重点内容之一。2010—2019年山东省政府已出台多项政策对乡村旅游与休闲农业的发展进行指导,在深度挖掘休闲产品、完善旅游发展体系等方面制定翔实的规划与战略,鼓励鲁中山区和鲁西、鲁北平原区等经济后增长地区开展休闲农业并给予政策倾斜,重点打造半岛滨海、湖泊湿地、黄河沿岸、平原乡村等特色旅游区,拓展了休闲农业的发展空间。在政府政策推动下,休闲农业品牌日趋多样化、休闲农业活动形式日益丰富,休闲农业项目不断向优势区域聚集,从而形成山东省休闲农业示范点空间分布格局。

4.5 本章小结

本章以农业部和山东省农业厅评定的 240 个休闲农业示范点为研究对象,借助 Google Earth 和 ArcGIS 技术并综合运用计量经济方法,对山东省休闲农业地类型划分、空间分布及影响因素进行分析,得出以下结论:

①山东省休闲农业资源类型较为丰富,包含了 5 个一级类和 18 个二级类。其中,休闲观光类的休闲农业资源数量最多,约占总量的 43.75%;其次为特色村镇类,约占总量的 19.17%;第三、第四位是农事体验类和农业科技类,分别约占总量的 17.50% 和 15.83%;乡村文化类最少,仅占总量的 3.75%。

②借助 ArcGIS 10.3 软件,对山东省休闲农业资源的空间分布形态、均衡程度和分布密度等进行分析。结果表明:①山东省休闲农业资源的空间分布类型为凝聚型,平均最近邻比率 ANN = 0.62 < 1;②山东省休闲农业资源数量多,但分布均衡性较低,其基尼系数为 0.97,地理集中指数为 25.87,资源主要集中于潍坊、济宁、临沂及青岛等地区,市域间的差异也较为明显;③Kernel 核密度显示山东省休闲农业资源空间分布密度也呈现出明显的差异性,体现出明显的"大分散、小集聚"的分布特点,区域内呈现连片式发展模式,热点区域分布在枣庄—济宁区域、济南—泰安区域,滨州东南和日照东部区域次之。

③山东省休闲农业资源的空间分布是多个复杂因素共同作用的结果,本书从经济基础、资源禀赋、客源市场、交通区位及政策倾向等要素进一步探究对其产生的影响。休闲农业资源的整体规划以及产品设计需要地方经济的支持。丰富的 A 级景区是山东省休闲农业发展的有效依托,有利于发挥景区的边缘效应和资源互

补效应。休闲农业项目的规划和建设均与交通网密切相关,因而多数休闲农业地分布在主要交通干道周围,特色村镇类、乡村文化类和农事体验类对交通环境的依赖程度更高。休闲农业必然是在人口密度较大的城市及周边地区优先发展,休闲观光类对城市人口的密度依赖度最大。在政府政策推动下,山东省休闲农业活动形式日益丰富,休闲农业项目不断向优势区域聚集,进而推动了现有空间结构的形成。

第 5 章 山东省休闲农业竞争力水平评价及障碍度分析

近年来,山东省把休闲农业作为乡村振兴和促进农业转型的重要途径,制定了一系列适当的政策,推动了山东省休闲农业的发展。但同时也出现了农业资源利用率低、产品结构单一、环境破坏严重和服务设施不完善等问题。因此,正确分析区域内休闲农业发展现状及竞争力水平,采取针对性措施推动休闲农业高质量与可持续发展成为亟待解决的问题。目前,学术界对于休闲农业发展评价主要集中在资源开发条件和经济效率等方面,休闲农业竞争力及障碍因素等方面学术关注度不高。鉴于此,本章以山东省 17 个地市为研究对象,选取反映休闲农业竞争力的主要指标,科学客观地评定目前山东省休闲农业竞争力状况并诊断障碍因素,有利于为进一步明确山东省休闲农业发展方向提供以计量分析为基础的可靠数据支撑。

5.1 构建评价指标体系

5.1.1 指标体系的构建思路

构建科学合理的竞争力评价指标体系,是正确评价区域内休闲农业竞争力水平的关键一步,意义重大。因而,休闲农业评价指标的构建应该遵循一定的原则,按照一定的步骤,选择合适的评价模型,才能为实证研究提供科学依据及参考。由于休闲农业是一项涉及资源、环境、市场、社会和经济等多方面的系统工程,因此具有较为复杂的层次性。在确定指标体系时应考虑既能较为详实地搜集到统计资料又能较好地运用相关理论,以便通过该指标体系对山东省休闲农业的发展情况做出较为客观准确的评价。

5.1.2 指标体系的构建原则

(1)客观性原则。

休闲农业发展所依托的资源、环境、社会、经济和市场等条件是客观真实存在的。因此,山东省休闲农业竞争力评价指标体系的构建要符合客观实际,同时指标的选取也要契合休闲农业发展的实际情况。比如,在对资源禀赋相关指标进行选择时,应该考虑到山东省休闲农业点的分布具有典型的景区依托型特征,因而要选取 A 级景区密度作为实际评价指标。

(2)系统性原则。

山东省休闲农业的发展是一项复杂的系统工程。因此,休闲农业的竞争力评价指标体系也应该是一个有机的整体,而不是杂乱无章、毫无层次的。指标体系的构建需要厘清各项指标之间的逻辑关系,并对各项指标进行归类提炼,继而形成逻辑性强、层次分明的评价指标体系。本书综合资源、环境、经济、社会及市场等因素,从资源禀赋、自然环境、经济基础、社会条件及市场需求等角度入手,试图构建全面而系统的山东省休闲农业竞争力评价指标体系。

(3)可行性原则。

一套评价指标体系即便再完美、再理想,但如果无法在实际中应用,那也只能是空谈。为了便于评价结果的比较和运用,在构建休闲农业竞争力指标体系过程中,要尽可能采用相对成熟和公认的指标,应该考虑到指标数据要易于搜集和计算。也就是说,休闲农业竞争力评价指标体系必须具有可行性,即要具备数据可获取和方法可操作特征。在设计休闲农业竞争力的指标体系时,要考虑到各个指标间的内在联系,使其在不重复且有代表性的基础上具有可操作性,通过对关键指标的筛选,结合指标数据是否方便获取以及计算口径是否一致等问题进行考量,选取公开权威的数据资料作为研究基础,对于那些不利于取得数据或对数据容易产生争议的指标放弃使用。

(4)科学性原则。

休闲农业竞争力评价指标体系要建立在充分的科学依据基础上,这是休闲农业竞争力评价过程中十分重要的原则。评价指标的筛选要以相关学科的理论为导向,同时充分借鉴相关研究领域的研究成果,咨询并吸收专家学者们的意见和建议,力求科学、合理地反映休闲农业发展的基本特征。力求休闲农业评价指标体系从指标名称界定、统计口径到数据的搜集和统计处理都有严格的科学依据,以增加评价结果的可比性和客观性。

5.1.3 休闲农业竞争力评价指标筛选方法及步骤

建立的评价指标体系是否科学、合理,决定着后期评价结果的正确性。通过对休闲农业评价的文献进行梳理归纳发现,一些学者虽然提出了休闲农业评价指标体系,但是在评价对象方面,多是集中在某个城市或某项资源,涉及省级层面的文献很少。使用"休闲农业"+"评价"和"休闲农业"+"竞争力"关键词对知网进行文献检索发现,在评价某个城市或某项资源的竞争力方面,文献数量较多,既有定性分析,也有定量分析。在定量分析中,涉及的指标很多,但大部分都集中在区位特征、基础设施建设、生态环境、产品特色、消费者体验、企业品牌、管理水平、服务质量、经济效益等方面。在省级层面,只有张桂华和邹珊、胡雪瑛、邓婕分别就湖南、陕西和福建区域内各地的休闲农业水平进行了定量分析,前三位均使用的是基于主观打分的层次分析法(Analytic Hierarchy Process, AHP),后者使用的是主成分分析法,评价指标根据分析对象各不相同。但总的来说,在评价指标选择方面,存在两大问题:一是缺乏科学有效的指标筛选方法;二是盲目追求指标体系的完美性,导致指标数量庞大,有些指标虽然名称不同,但基本含义雷同。

本书在文献梳理的基础上,采用理论分析法、频度统计法及专家咨询法对山东省休闲农业竞争力指标进行设置和筛选。其中,理论分析法是在对山东省休闲农业发展的特征进行全面考虑的基础上选择那些具有重要意义的特征指标;频度统计法是统计参考文献中各评价指标出现的频率并选择那些频率较高的指标;专家咨询法则是咨询专家意见并按照其意见对指标做出相应的调整,得到最终评价指标体系。主要步骤见图5.1。

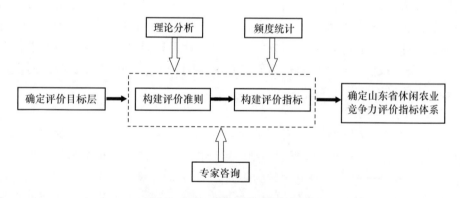

图5.1　评价指标构建的主要步骤图

5.1.4　休闲农业竞争力主要评价指标的选取

以休闲农业的内涵为基础,参考已有的研究成果,最终构建了5个准则层,分别是资源禀赋、自然环境、经济基础、社会条件和市场需求,5个准则层下包括基本评价指标13项。山东省休闲农业竞争力主要指标评价体系具体情况见表5.1。

第5章 山东省休闲农业竞争力水平评价及障碍度分析

表5.1 山东省休闲农业竞争力主要指标评价体系

目标层(A)	准则层(B)	指标层(Z)及单位	指标性质	指标代码	计算方法
山东省休闲农业竞争力主要指标评价体系	资源禀赋(B_1)	A级景区密度/%	+	Z_1	A级景区数量/A级景区总数量
		休闲农业点密度/(个·km^{-2})	−	Z_2	休闲农业点数量/土地面积
		农用地面积/km^2	+	Z_3	现有数据
	自然环境(B_2)	空气污染指数/(t·km^{-2})	+	Z_4	空气污染物排放总量/土地面积
		人均水资源拥有量/(km^3·人$^{-1}$)	+	Z_5	水资源总量/人口总数
		林木绿化率/%	+	Z_6	森林覆盖面积/土地面积
山东省休闲农业竞争力主要指标评价体系	经济基础B_3	农村居民人均收入/元	+	Z_7	现有数据
		财政收入占GDP的比重/%	+	Z_8	财政收入
		旅游业收入占GDP的比重/%	+	Z_9	旅游收入
		公路密度/[km·(100 km^2)$^{-1}$]	+	Z_{10}	公路里程/土地面积
	社会条件B_4	星级农家乐相对数量/%	+	Z_{11}	星级农家乐数量/休闲农业示范点数量
	客源市场B_5	客源地市场规模指数/%	+	Z_{12}	各地国内游客数/国内游客总数
		客源人均消费水平/元每人次	+	Z_{13}	现有数据

资源禀赋是休闲农业发展的基本条件。山东不仅是农业大省,也是旅游大省,区域内丰富的农业资源及旅游资源为休闲农业的开展提供了良好的前提条件,本章使用A级景区密度、休闲农业点密度及农用地面积表征区域内的资源禀赋状况。山东省休闲农业点的分布具有典型的景区依托型特征,因此A级景区密度对休闲农业竞争力可能有着重要的影响,用区域内A级景区数量占景区总数量比值表示;休闲农业点密度用区域内休闲农业点数量占其土地面积的比值表示;农用地面积包括耕地、园地、林地、牧草地、养捕水面和农田水利设施用地等,以此体现区域内的农业资源禀赋。

良好的自然环境是开展休闲农业发展的重要依托。休闲农业的主要市场是城市居民,主要目的是满足游客返璞归真、回归自然的消费心态,因此对自然生态与环境有着较高的要求。目的地空气质量是影响游客休闲意愿的重要因素,也是影响游客对目的地形象感知和产品体验的主要影响因子。本章将空气污染指数、人均水资源拥有量和林木绿化率等涉及生态建设和环境的指标作为评价标准。空气污染指数用区域内空气污染物排放总量(二氧化硫、氮氧化物和烟粉尘排放量的加总)与土地面积的比值表示。人均水资源拥有量用区域内水资源总量与人口总数的比值表示。林木绿化率用区域内森林覆盖面积与土地面积的比值表示。

休闲农业的发展离不开经济基础的支撑,经济优势越明显,区域内的休闲农业竞争力可能就越强。本章选用农村居民人均收入、财政收入占GDP的比重和旅游业收入占GDP的比重三个指标作为区域内经济基础的代表。其中,农村居民人均收入反映了休闲农业的发展和经营主体——农民的经济状况;财政收入占GDP的比重从某种程度上体现了政府对相关产业的扶持力度;旅游业收入占GDP的比重则代表了区域内旅游业总体发展水平,该数值越高代表区域内旅游业发展越成熟,对休闲农业的支持就越大。

休闲农业是一项综合性及关联性较强的产业,具体涉及行、游、食、住、购、娱等多个方面,其发展离不开其他行业的支持,尤其是交通运输业及食宿业,故本章选择公路密度和星级农家乐相对数量两个指标代表社会支持休闲农业条件。其中,公路密度表示休闲农业的交通可达性,采用每百平方千米的公路里程表示。运用星级农家乐数量与休闲农业示范点数量的比值作为星级农家乐相对数量,以此来反映区域内休闲农业的接待与服务能力。

客源市场是休闲农业发展的客体,反映了休闲农业的发展潜力。"竞争战略之父"波特认为"需求条件"是产业竞争优势的第二关键要素,是一项产业发展的动力。因此,本章选择最能反映客源市场状况的客源地市场规模指数及客源人均消费水平两个指标作为代表。

5.2 评价方法

本章运用改进的TOPSIS法对山东省休闲农业的竞争力进行测度,以分析其竞争力水平及空间分布差异。在此基础上,运用障碍度模型对休闲农业发展竞争力的障碍因素进行诊断,从而为各地市提升休闲农业竞争力提供针对性的借鉴和参考。

5.2.1 改进的TOPSIS法

TOPSIS法,又称逼近理想解排序法,是有限方案多目标决策分析中的一种常用方法,对资料无特殊要求,使用灵活简便、应用广泛。该方法的基本思想是:基于归一化后的初始数据矩阵,采用余弦法找出有限方案中的"正理想点解"和"负理想点解",然后分别计算各评价对象与"正理想点解"和"负理想点解"的距离,获得各评价对象与最优方案的相对接近程度,以此作为各评价对象优劣的依据。与传统的TOPSIS法相比较,改进的TOPSIS法主要针对评价对象与正、负理想解的评价公式进行了改进。根据前文建立的评价指标体系,运用改进的TOPSIS法

第5章　山东省休闲农业竞争力水平评价及障碍度分析

对山东省17个地市的竞争力水平进行评价。具体步骤如下：

第1步：初始决策矩阵的建立。根据17个地市的13项指标分别建立休闲农业竞争力的初始决策矩阵 X，其中 $X = (x_{ij})_{17 \times 13}$，$x_{ij}$ 代表第 i 个地市在竞争力评价体系内的第 j 项指标值。

第2步：初始决策矩阵的规范化处理。为了消除初始矩阵中不同指标、不同单位、不同量纲和不同数量级带来的不可比性，可采用极值标准化法对数据进行标准化处理，具体步骤为

$$\begin{cases} y_{ij} = \dfrac{x_{ij} - x_j^{\min}}{x_j^{\max} - x_j^{\min}}, & x_{ij} \text{ 为正向指标} \\ y_{ij} = \dfrac{x_j^{\max} - x_{ij}}{x_j^{\max} - x_j^{\min}}, & x_{ij} \text{ 为负向指标} \end{cases} \quad ①$$

其中 $x_j^{\max} = \max_i(x_{ij})$，$x_j^{\min} = \min_i(x_{ij})$（$i = 1,2,3,\cdots,17; j = 1,2,3,\cdots,13$）。通过转换可得规范化矩阵 $Y = (y_{ij})_{17 \times 13}$。

第3步：各评价指标权重的确定。如何确定指标的权重，以及指标权重是否确定得科学合理，对评价结果有直接的影响。确定指标权重的方法总结起来有两种：一是主观赋权法，二是客观赋权法。其中，主观赋权法包括：专家评分法、Saaty's 权重法和循环定权法等；客观赋权法包括：熵权法、相关系数法及秩和比法等。为了减少主观因素的影响，本章采用熵权法计算各评价指标的客观权重，具体计算方法如下：

（1）计算第 j 项指标的输出熵：

$$E_{ij} = -(\ln m)^{-1} \sum_{i=1}^{m} p_{ij} \ln p_{ij} \quad ②$$

其中，$p_{ij} = x_{ij} / \sum_{i=1}^{m} x_{ij}$，$m = 17$，且令 $\ln 0 = 0$。

（2）计算第 j 项指标的变异度：

$$Q_j = 1 - E_j \quad ③$$

（3）计算第 j 项指标的权重：

$$\theta_j = Q_j / \sum_{j=1}^{n} Q_j \quad ④$$

θ_j 即为休闲农业竞争力评价体系中各指标的权重。

第4步：加权标准化矩阵的计算以及正负理想点的确定。根据各指标的指标权重，构建山东省休闲农业竞争力的对角矩阵：

$$\boldsymbol{\theta} = \begin{bmatrix} \theta_1 & & & 0 \\ & \theta_2 & & \\ & & \ddots & \\ 0 & & & \theta_{13} \end{bmatrix}$$

由规范化决策矩阵 Y 与其对角矩阵 θ 相乘得到加权标准化矩阵 G，即
$$G = (g_{ij})_{17 \times 13} = (y_{ij})_{17 \times 13} \cdot \theta$$

休闲农业竞争力的正、负理想点分别由其加权标准化矩阵 G 内各指标的最大、最小值构成。因此可得山东省 17 地市休闲农业竞争力的正理想点解 $G^+ = (g_1^+, g_2^+, \cdots, g_{13}^+)$，负理想点解 $G^- = (g_1^-, g_2^-, \cdots, g_{13}^-)$。

第 5 步：计算评价对象距正负理想点的欧氏距离。计算各地区各指标值与正负理想点的距离，计算公式为

$$b_i^+ = \sqrt{\sum_{j=1}^{n}(g_{ij} - g_j^+)^2}, \quad b_i^- = \sqrt{\sum_{j=1}^{n}(g_{ij} - g_j^-)^2} \qquad ⑤$$

第 6 步：确定评价对象对正理想点的相对接近程度，计算公式为

$$H_i = \frac{b_i^-}{b_i^+ + b_i^-} \qquad ⑥$$

在 TOPSIS 法中，相对接近程度通常作为最终得分来衡量评价目标的优劣，可以依据其大小对山东省 17 个地市的休闲农业发展竞争力进行从大到小排序。若值越大，就说明该市的休闲农业竞争力程度越强，反之越弱。

5.2.2 障碍度评价模型

在休闲农业竞争力评价中，建立完整的评价指标体系对休闲农业综合发展水平进行测度具有重要的参考价值，但分析诊断影响各地休闲农业水平发展的主要障碍因子则具有更加现实的意义。因为找到障碍因素后，各地可以针对这些制约休闲农业建设发展的关键因子，对不合理的方面做出及时的调整，对休闲农业未来的发展提出更加切实可行的对策建议。因此，本书将障碍度评价模型引入休闲农业发展障碍度指标评价体系，对休闲农业发展中的各个因素进行评价分析，以探究休闲农业发展中的主要障碍因素。

障碍度评价的具体方法是综合运用"因子贡献度""指标偏离度"和"障碍度"三个指标来进行分析诊断。其中，因子贡献度（U_j）表示单项指标因素对总目标的权重，等同于式④中的 θ_j；指标偏离度（I_{ij}）表示单项指标与休闲农业发展理想目标之间的差距，用单项指标标准化值与 100% 之差表示；障碍度（M_{ij}、O_j）表示单项指标对休闲农业发展水平的影响值，该指标是休闲农业发展障碍诊断的目标和结果。具体计算公式如下：

$$I_{ij} = 1 - V_{ij} \qquad ⑦$$

式中，V_{ij} 表示单项指标的标准化值，采用极值标准化法计算。

$$M_{ij} = \frac{I_{ij} U_j}{\sum_{i=1, j=1}^{m;n} I_{ij} U_j} \qquad ⑧$$

$$O_j = \sum M_{ij} \qquad ⑨$$

式中，M_{ij} 表示第 i 个指标对各地休闲农业竞争力发展的阻碍程度；在分析各单项指标影响程度的基础上，还可以测度各准则层对各地休闲农业竞争力的障碍度指数，即 O_j。分值越高，则阻碍度越大。

5.3 研究数据来源

休闲农业是一个不断变化、发展进化的动态过程，在不同的发展阶段，休闲农业竞争力的评价指标都在不断变化发展，本章考察的是当前山东省休闲农业的竞争力水平，因此主要以 2019 年统计数据作为主要资料进行研究。本章分析的原始数据主要来自于《2019 年山东统计年鉴》《2019 年山东旅游年鉴》和《山东省旅游统计便览》(2019)，部分数据通过整理得出，各地休闲农业点密度由本书第 4 章分析结果得出。

5.4 山东省休闲农业竞争力评价

根据前述式①~⑥，得到休闲农业竞争力各评价指标的权重，在此基础上分别计算出山东省 17 个地市休闲农业竞争力综合得分，并进行排序，如表 5.2；再运用 SPSS 18.0 中层次聚类分析法将 17 个地市分为 5 类，依据得分高低将其依次定义为竞争力强、竞争力较强、竞争力中、竞争力较弱和竞争力弱五种类型区域。

表 5.2　山东省 17 个地市休闲农业竞争力评价得分

地市	竞争力指数	排名	竞争力等级	地市	竞争力指数	排名	竞争力等级
烟台	0.660 4	1	强	菏泽	0.397 9	10	中
临沂	0.658 5	2	强	威海	0.368 9	11	中
济南	0.613 6	3	强	日照	0.367 8	12	中
潍坊	0.518 2	4	较强	德州	0.338 3	13	较弱
青岛	0.515 7	5	较强	莱芜	0.314 7	14	较弱
济宁	0.460 7	6	较强	聊城	0.285 6	15	较弱
淄博	0.454 3	7	较强	滨州	0.275 0	16	较弱
泰安	0.437 9	8	较强	东营	0.194 7	17	弱
枣庄	0.398 0	9	中	—			

从表 5.2 中可见，山东省休闲农业发展综合得分并不高，得分均在 0.7 以下；

此外,各地发展也不均衡,其中烟台市休闲农业竞争力水平最高(0.660 4),东营市休闲农业竞争力最低(0.194 7)。两者综合得分相差 0.465 7,差距较大。从空间角度看,东部地区凭借其特殊的地理优势和城市群辐射效应,休闲农业发展水平相对较高,而鲁西北地区的休闲农业竞争力相对较低。依据得分高低划分出的区域分别为竞争力强、竞争力较强、竞争力中等、竞争力较弱和竞争力弱五种类型。

(1)竞争力强的区域。

休闲农业竞争力强区域包括烟台、临沂和济南三个地区,竞争优势明显,竞争力得分均在 0.60 以上。烟台地处山东半岛,具有区位优势,受蓝色经济区的辐射,经济水平较高,且又是著名的旅游城市,在多项指标处于全省前列的情况下,区域内星级农家乐相对数量上的绝对优势表明该地休闲农业接待能力的提高及配套设施的完善,进而为烟台市休闲农业竞争力处于领先地位提供了重要的条件保证。临沂的城乡一体化发展,近几年取得了很大的成就,整个城乡面貌发生了巨大的变化,为休闲农业提供了良好的发展条件。临沂休闲农业竞争力处于第二位主要得益于财政收入占 GDP 的比重居于首位,说明临沂具有良好的经济条件进行休闲农业开发,政府所提供的充足的财政收入可以为休闲农业发展提供强有力的支撑,同时区域内具有较高的农用地面积及 A 级景区密度,这说明该地具有良好的农业基础和生态环境条件,再加上其浓厚的民俗文化优势及雄厚的客源市场,休闲农业得到了蓬勃发展。济南市休闲农业综合得分居全省第三位,作为省会城市,各项指标处于全省中上游水平,从而保证了其休闲农业竞争力。

(2)竞争力较强的区域。

休闲农业竞争力较强区域包括潍坊、青岛、济宁、淄博和泰安五个城市,得分在 0.40~0.60 之间。其中,潍坊的星级休闲农业点数量最多,为当地休闲农业的发展提供了巨大的市场空间;青岛空气污染指数全省最低、林木绿化率最高,为区域开展休闲农业提供了优越的自然环境,同时青岛农村居民人均收入最高,表明作为休闲农业的主体可以为开发休闲农业提供更坚实的资金保障,增强了其休闲农业竞争力;泰安休闲农业的较强竞争力主要来自于旅游业强有力的支撑,旅游业占 GDP 的比重达到 21%,占全省首位。

(3)竞争力中等的区域。

休闲农业竞争力中等区域包括枣庄、菏泽、威海和日照四个城市,得分在 0.36~0.40 之间,彼此之间差距不大。其中,枣庄的休闲农业点密度在全省范围内居首位,但由于其经济基础及客源市场需求不占优势,再加上近些年空气污染指数较高,进而导致其休闲农业竞争力处于中等水平;威海地处蓝色经济带,其水资源人均拥有量、林木绿化率及空气污染指数等指标都相对较好,但是休闲农业接待能力制约了其竞争力的提升;此外,由于其他城市休闲农业竞争力各指标之间的差距比较接近,因而竞争力同处于中等水平。

(4)竞争力较弱的区域。

休闲农业竞争力较弱区域主要包括德州、莱芜、聊城和滨州四市,总分在 0.20~0.36 之间。四市处于山东省内陆地区,一方面旅游资源及自然环境条件不具优势,另一方面经济发展水平相对落后,农村居民人均收入与其他城市有较大的差距,市场规模小且消费水平低,进而导致了其休闲农业竞争力较弱。

(5)竞争力弱的区域。

休闲农业竞争力弱区域为东营,竞争力得分在 0.20 以下,与其他地区休闲农业竞争力水平相差甚远。东营经济基础良好,但由于资源禀赋严重不足,休闲农业点密度全省倒数第一、A 级景区密度倒数第二,没有强有力的旅游业作为支撑,旅游业占 GDP 的比重为 4.3%(倒数第一),同时区域内的休闲农业接待与服务能力严重缺乏,致使该地休闲农业竞争力在全省最低。

5.5 山东省休闲农业障碍因素分析

结合障碍度模型的原理及相关方法,依次采用式⑦~⑨对山东省休闲农业发展水平进行因子贡献度、指标偏离度和障碍度计算,结果见表 5.3。

表5.3 山东省17个地市休闲农业竞争力各评价项指标的障碍度

地市	Z_1	Z_2	Z_3	Z_4	Z_5	Z_6	Z_7	Z_8	Z_9	Z_{10}	Z_{11}	Z_{12}	Z_{13}
济南	0.101 5	0.062 5	0.062 3	0.026 9	0.108 6	0.108 3	0.066 0	0.050 3	0.089 4	0.047 7	0.152 4	0.092 5	0.031 6
青岛	0.096 9	0.064 5	0.061 7	0.027 2	0.112 5	0.099 0	0.064 3	0.050 6	0.091 0	0.049 2	0.159 7	0.092 0	0.031 2
淄博	0.103 4	0.067 7	0.064 2	0.028 6	0.107 9	0.103 6	0.066 7	0.052 9	0.091 4	0.046 9	0.136 8	0.097 4	0.032 4
枣庄	0.103 9	0.059 0	0.064 4	0.027 3	0.094 0	0.108 5	0.069 4	0.051 6	0.094 1	0.046 8	0.146 1	0.102 3	0.032 8
东营	0.099 5	0.065 0	0.060 6	0.025 7	0.101 7	0.110 0	0.063 8	0.051 5	0.092 8	0.048 0	0.151 9	0.098 4	0.031 1
烟台	0.102 1	0.067 6	0.060 8	0.027 9	0.100 3	0.114 7	0.066 9	0.053 8	0.093 2	0.050 2	0.133 4	0.096 3	0.032 8
潍坊	0.097 2	0.064 8	0.057 9	0.026 9	0.106 1	0.111 2	0.065 2	0.050 5	0.089 8	0.047 2	0.157 8	0.093 5	0.032 0
济宁	0.094 5	0.063 3	0.061 0	0.027 1	0.103 6	0.115 0	0.068 4	0.050 2	0.089 1	0.047 5	0.154 2	0.094 1	0.032 4
泰安	0.101 7	0.064 5	0.062 4	0.027 0	0.107 8	0.112 8	0.067 5	0.052 0	0.084 2	0.046 2	0.147 6	0.093 9	0.032 2
威海	0.103 0	0.061 4	0.062 9	0.026 9	0.101 5	0.106 9	0.063 3	0.051 3	0.086 6	0.049 2	0.158 1	0.097 7	0.031 4
日照	0.101 4	0.059 4	0.063 1	0.027 3	0.098 9	0.115 4	0.068 3	0.050 4	0.085 9	0.047 5	0.152 6	0.097 4	0.032 6
莱芜	0.105 4	0.060 9	0.064 5	0.028 5	0.103 3	0.103 1	0.065 9	0.051 1	0.093 1	0.045 1	0.143 1	0.102 3	0.033 9
临沂	0.089 6	0.067 5	0.058 7	0.027 9	0.098 7	0.120 4	0.072 5	0.050 6	0.090 1	0.049 2	0.144 5	0.096 6	0.033 2
德州	0.098 2	0.062 7	0.058 7	0.026 2	0.104 9	0.111 9	0.067 7	0.049 1	0.092 8	0.044 0	0.154 9	0.097 7	0.032 0
聊城	0.099 4	0.062 5	0.059 1	0.026 6	0.106 0	0.111 4	0.068 3	0.047 9	0.091 9	0.043 3	0.154 3	0.097 8	0.031 5
滨州	0.097 9	0.062 2	0.059 7	0.026 5	0.104 8	0.113 0	0.065 9	0.048 0	0.092 4	0.045 1	0.153 6	0.099 2	0.031 5
菏泽	0.103 5	0.064 4	0.057 9	0.026 2	0.100 9	0.115 1	0.069 8	0.044 5	0.093 5	0.044 8	0.147 9	0.099 5	0.032 0

依据对 17 个地市休闲农业发展障碍度分析的结果得到影响休闲农业发展的障碍依次为自然环境(B_2) > 资源禀赋(B_1) > 经济基础(B_3) > 社会条件(B_4) > 客源市场(B_5)。各地休闲农业竞争力的主要障碍因素具有局部一致性,其他障碍因素则存在一定差异。从具体障碍因子出现的频次来看,山东省 17 地市休闲农业竞争力障碍度指数排序在前 6 位的单项障碍因子分别是:Z_{11}、Z_6、Z_5、Z_1、Z_{12} 和 Z_9,如表 5.4 所示。其中,第一障碍为 Z_{11},即星级农家乐相对数量,星级农家乐是由山东省旅游发展委员会(原旅游局)按照相关标准统一评定,借以规范与提升各地休闲农业的接待与服务能力,以为参与游客提供食宿服务为主的经营实体,具体形式主要包括民俗型农家乐、旅游型农家乐、休闲型农家乐、参与型农家乐、公园型农家乐和科普型农家乐等。休闲农业地多分布于乡村地区,而乡村地区在旅游接待方面一直落后于城市地区,进而制约了其竞争力的提高。星级农家乐相对数量成为影响区域内休闲农业竞争力的第一障碍,某种程度上表明山东省各地忽视了休闲农业的接待与服务设施建设,旅游交通运输能力不足,游客食宿设施容纳能力欠缺,休闲农业提供的服务与规范化和标准化存在一定的差距,这与当前乡村地区旅游发展基础设施薄弱、各项配套服务不完善的现状相一致。各地应该鼓励有条件的农家乐经营主体积极进行星级工作的创建和申报,并加强创星工作的宣传,给予农户创建和申报星级农家乐一定的政策和资金支持,从而提升和完善区域内休闲农业接待与服务水平,增强区域内的休闲农业竞争力。在第二障碍因素和第三障碍因素中,频率出现较高的是 Z_6 林木绿化率和 Z_5 人均水资源拥有量,两者均属于自然环境准则层指标。休闲农业主要是依托田园景观、自然生态与环境和农业生产条件进而发展观光、休闲和旅游的一种特殊经营形态,游客的目的多是感受乡村田野宁静、清新的空气,得到身心的放松、回归自然,因而对自然环境条件具有高度依赖性。Z_1 即 A 级景区密度,为影响山东各地休闲农业发展的第四障碍因素,表明旅游资源的数量、质量、独特性、知名度对山东省休闲农业竞争力具有显著的影响,可能的原因在于休闲农业的开发利用主要是以资源为基础的,而旅游资源的吸引力以及开发价值决定了休闲农业的发展,这与本书第 4 章的研究结论——山东省休闲农业分布具有景区依托型特征相符合。Z_{12} 客源地市场规模指数是影响山东省多数地市休闲农业竞争力水平的第五障碍,是休闲农业的消费主体,它不仅反映了区域内休闲农业相关产品及项目可能的消费规模,而且客源市场的消费偏向、消费结构和消费能力都会进一步影响休闲农业的竞争力。休闲农业的发展离不开旅游业的支持,Z_9 即旅游业收入占 GDP 的比重折射出区域内旅游业发展对经济的贡献程度及发展成熟度,是影响山东休闲农业竞争力的第六障碍。

表 5.4 各地休闲农业竞争力主要障碍因素分析

地市	第一障碍	第二障碍	第三障碍	第四障碍	第五障碍	第六障碍
济南	Z_{11}	Z_5	Z_6	Z_1	Z_{12}	Z_9
青岛	Z_{11}	Z_5	Z_1	Z_{12}	Z_9	Z_2
淄博	Z_{11}	Z_6	Z_1	Z_{12}	Z_9	Z_2
枣庄	Z_{11}	Z_6	Z_1	Z_{12}	Z_5	Z_9
东营	Z_{11}	Z_6	Z_5	Z_1	Z_{12}	Z_9
烟台	Z_{11}	Z_6	Z_1	Z_5	Z_{12}	Z_9
潍坊	Z_{11}	Z_6	Z_5	Z_1	Z_{12}	Z_9
济宁	Z_{11}	Z_6	Z_5	Z_1	Z_{12}	Z_9
泰安	Z_{11}	Z_6	Z_5	Z_1	Z_{12}	Z_9
威海	Z_{11}	Z_6	Z_1	Z_5	Z_{12}	Z_9
日照	Z_{11}	Z_6	Z_1	Z_5	Z_{12}	Z_9
莱芜	Z_{11}	Z_1	Z_5	Z_6	Z_{12}	Z_9
临沂	Z_{11}	Z_6	Z_5	Z_{12}	Z_9	Z_1
德州	Z_{11}	Z_6	Z_5	Z_1	Z_{12}	Z_9
聊城	Z_{11}	Z_6	Z_5	Z_1	Z_{12}	Z_9
滨州	Z_{11}	Z_6	Z_5	Z_{12}	Z_1	Z_9
菏泽	Z_{11}	Z_6	Z_1	Z_5	Z_{12}	Z_9

5.6 本章小结

本章从自然环境、资源禀赋、经济基础、社会条件和客源市场五个方面构建了山东省休闲农业竞争力主要指标评价体系,借助改进的 TOPSIS 法对 17 个地市的休闲农业竞争力进行定量评价,运用障碍度模型诊断分析了各地市主要的障碍因素,得出如下结论和启示:

①山东省休闲农业发展综合得分并不高,得分均在 0.7 以下。此外,各地休闲农业竞争力水平存在较大差异,竞争力最高得分为 0.660 4,最低为 0.194 7,烟台市竞争力最强,东营市竞争力最弱,两者综合得分分差为 0.465 7。从空间角度看,山东省休闲农业空间发展不均衡,东部地区凭借其特殊的地理优势和城市群辐射效应,休闲农业发展水平较高,而鲁西北地区的休闲农业竞争力相对较低。依据竞争力的得分高低,将山东省 17 个地市的休闲农业竞争力划分为竞争力强、

竞争力较强、竞争力中等、竞争力较弱和竞争力弱五个层次。

②障碍度诊断结果表明,星级农家乐相对数量是阻碍山东省各地休闲农业竞争力提高的首要因子,提升区域内旅游接待与服务能力是当前各地休闲农业发展的首要建设目标。从具体障碍因子出现的频次来看,区域内林木绿化率、人均水资源拥有量、A级景区密度、客源地市场规模指数和旅游业收入占GDP的比重是山东省休闲农业竞争力水平的关键障碍因子。因此,补齐休闲农业发展中的"短板"应成为山东省各地休闲农业发展的重要目标。

第6章 山东省休闲农业市场需求实证研究

任何一项产业的发展,都离不开市场的需求。可以说,市场需求是产业得以生存、发展和壮大的必要条件,产业在发展时一定要考察其市场需求状况,没有良好的市场,产业很难发展壮大,迟早会走向衰落,更不用说带动其他行业发展了。市场需求反映的是一个产业所面对的目标市场是谁,规模有多大,市场结构及消费行为是怎样的,受哪些因素影响,消费者的满意度情况如何,等等。它不仅是产业发展的动力,更是构建和维持产业竞争力的重要条件。对于休闲农业来说,需求主体就是参与休闲农业旅游活动的游客。但是目前游客整体上对休闲农业旅游的认可度不高,这成为影响和制约休闲农业未来可持续发展的主要因素。那么,对于山东省来说,休闲农业的需求主体结构如何?行为特征是怎样的?哪些因素会影响游客对休闲农业旅游的满意度呢?游客旅游后的重游行为又会受哪些因素影响呢?这是本章主要研究的问题。

6.1 调查问卷设计

本章通过问卷调查搜集游客对休闲农业地旅游的评价数据。调查问卷由三部分组成。第一部分为受访者的人口统计学特征,主要包括性别、年龄、受教育程度、职业、月收入和常住地等基本信息;第二部分为游客出游特征,主要调查游客旅游动机、信息渠道、游览频率、出游时间、出游方式、旅游消费水平和停留时间等信息;第三部分为山东省休闲农业旅游地各方面属性重要性和满意度的测度量表,主要包括6个维度共30个具体问题。

游客满意度指标体系可以定义为一系列相互联系的能敏感地反映游客满意状态及存在问题的指标的有机构成整体。就旅游目的地的游客满意度来说,可以从活动(Activities)、环境(Settings)、体验(Experience)和收获(Benefits)四方面进行考察。游客满意度受多种复杂因素影响,主要受到旅游景观、基础设施、娱乐环境和接待服务的影响。游客对旅游景区的总体满意度应该从食、宿、行、游、购、娱、服务、设施、形象九个方面入手,对旅游景观、餐饮、交通、住宿、购物、娱乐、景区形象、基础设施和管理服务九个指标层进行具体测度。对于乡村地区的旅游满意度来说,也有一定的研究成果。餐饮质量、住宿条件、景点质量、交通、购物、娱乐与服务质量是衡量游客满意度的七个主要指标,其中景点质量与游客的总体满意度相关性最强,其次是服务质量,而交通与总体满意度的相关性最弱。饮食环境、民族特色、风土气候、休闲娱乐和安全与管理因素是游客满意度的主要影响因子。游客出游前的预期、出游的实际感知和基于出游消费支出的感知价值是影响和决定游客满意度的主要因素,游客对休闲农业旅游消费满意度评价整体并不高,并且进一步对游客游后的抱怨和忠诚行为产生了影响。游客游玩期间的直接感知质量、游玩后的间接感知价值、出行前偏好及周围环境替代点的有无是影响休闲农业满意度的关键因素,游客对休闲农业与一般类型旅游的关注点不同。

依据前人的研究文献,考虑到山东休闲农业实际情况,本书将休闲农业旅游地游客满意度属性维度设置为:旅游环境、旅游设施、旅游吸引物、服务质量、消费价格和旅游信息。问卷中对各项指标采用李克特量表(Likert Scale)进行测量,1代表"非常不重要"和"非常不满意",5代表"非常重要"和"非常满意"。为了确保问卷质量,调查小组先将初始问卷在枣庄市山亭区翼云石头部落进行预调查,并对量表中不符合实际情况或受访者难以理解的测项予以修改,之后形成最终调查问卷(附录1)。最终确定评价测度指标包括:优美的自然风光、空气清新、水质清洁、环境整洁、生态环境、当地居民对游客的态度、旅游地外部交通的可进入性、旅游地内部交通的通畅性、旅游地图及路牌标识、垃圾桶的分布合理性及清洁情况、卫生间的分布合理性及清洁情况、停车便利性、特色的乡土文化、特色的乡村景观、动植物种类丰富、娱乐项目丰富、增长"三农"知识的机会较多、特色优质的餐饮、旅游购物(土特产品)、服务人员的态度、服务人员对产品和服务的了解程度、旅游服务设施安全状况、解说服务、门票价格合理、体验项目价格合理、餐饮价格合理、旅游购物价格合理、旅游地信息咨询服务完善、旅游地设有无线网络(Wifi)和旅游地有旅游网站/公众号30项。

6.2 数据来源

本章的数据主要通过问卷调查方式获得。问卷发放时间为2018年4—7月,分别在第5章划分出的竞争力强、较强、中等和较弱的代表城市临沂、潍坊、枣庄及德州发展较为成熟的休闲农业地进行发放,每个地区发放问卷150份,共计发放问卷600份,回收问卷600份,剔除无效问卷37份,得到有效问卷563份,问卷有效率为93.83%。为了保证原始数据的可靠性,在调研前对调研员进行了课题总体目标和调研技巧的训练。在问卷发放对象上,仅选择旅游地下行游客,以保证游客是在休闲农业旅游地游览之后才给出的体验评价,进而保证问卷结果的可信度。在满意度评价调查中,问卷采用李克特5项量表调查游客对休闲农业地各测度指标的IP(重要性和满意度)评价。调查结束后,将调查结果输入SPSS 18.0软件,计算出各项指标重要性和满意度评价的平均值。

6.3 市场结构分析

6.3.1 样本人口特征

运用 SPSS 18.0 对问卷进行信度和效度分析,结果显示,在信度方面,问卷整体的 Cronbach's Alpha(克朗巴哈系数)为 0.923(>0.7),表明样本测量指标的一致性程度较强,可靠性较高。在结构效度方面,整体 KMO(Kaiser-Meyer-Olkin)值为 0.941(>0.7),Bartlett 球形检验(Bartlett Test of Sphericity)的 p 值为 0.000,说明问卷具有很好的结构效度。通过对问卷进行统计,得到样本的人口基本特征情况,如表 6.1 所示。

表 6.1 样本人口统计特征

变量	分类项目	人数/人	比例/%	变量	分类项目	人数/人	比例/%
性别	男	267	47.42	受教育程度	初中及以下	56	9.95
	女	296	52.58		高中、中专、高职	157	27.89
年龄	18 岁及以下	22	3.91		大专及本科	286	50.80
	19~25 岁	55	9.77		研究生及以上	64	11.37
	26~35 岁	215	38.19	个人月收入	2 000 元以下	27	4.80
	36~45 岁	161	28.60		2 000~3 499 元	56	9.95
	46~60 岁	74	13.14		3 500~4 999 元	127	22.56
	61 岁及以上	36	6.39		5 000~6 499 元	198	35.17
职业	企业职工	160	28.42		6 500~7 999 元	89	15.81
	个体工商户	62	11.01		8 000 元及以上	66	11.72
	公务员、事业单位职工	173	30.73	家庭构成	单身	56	9.95
	专业技术人员	67	11.90		自己与父母	57	10.12
	学生	49	8.70		配偶和子女	305	54.17
	自由职业者	34	6.04		只有孩子	31	5.51
	其他	18	3.20		三代及四代同堂	114	20.25

调查样本数据显示,在性别和年龄方面,山东省休闲农业旅游中男性旅游者占被调查者的 47.42%,女性占 52.58%,人数基本相当,女性略占优势;被调查者中 26~35 岁年龄段旅游者人数最多,占整体比例 38.19%,其次为 36~45 岁年龄

段的旅游者,18岁及以下和61岁及以上的旅游者所占比例较小。在职业构成方面,被调查者中公务员、事业单位职工所占比例最高,占30.73%,其次是企业职工,占28.42%,其他职业旅游者分布差距较小,这说明公务员、事业单位和企业职工对休闲农业旅游比较青睐。在受教育程度方面,大专以上比例高达62.17%,其中大专及本科占50.80%,研究生及以上占11.37%,说明参与休闲农业旅游的旅游者整体受教育程度比较高。在个人月收入方面,月收入在5 000~6 499元的游客最多,占被调查者总数的35.17%,3 500~4 999元游客次之,占22.56%,而月收入6 500元以上的游客也占到了27.53%,这表明被调查群体整体消费能力较高,统计结果与职业构成的调查结果较为吻合。在家庭构成方面,占比例最高的是"配偶和子女",这部分游客占比,高达54.17%;其次是"三代及四代同堂的游客,占比为20.25%,其余三类"自己与父母""单身"和"只有孩子"所占比例分别为10.12%、9.95%和5.51%。

6.3.2　客源地域构成分析

客源地域构成指的是游客来自的不同地区,根据问卷数据的统计分析,可以得出山东省休闲农业来自不同地区游客的参与情况,如表6.2所示。

表6.2　客源市场地域构成

市场来源	本市	邻市	省内其他城市	省外其他城市
人数/人	348	120	59	36
比例/%	61.82	21.31	10.48	6.39

由表6.2可知,从游客特征的市场细分来分析,来自本地的游客比例最多,占总样本人数的61.82%;其次是旅游地的邻市,占21.31%;再次是邻市以外的省内其他城市,占整体比例10.48%;最后是邻市以外的省外其他城市,占6.39%。这表明山东省休闲农业旅游的客源市场主要以旅游地所在地及周边地区为主。

6.4　客源市场行为特征研究

游客的个性特征、文化差异和心理特征是影响其消费行为的主要因素。本书从旅游动机、认知行为、旅游方式、出游时间和出游频率、逗留时间、交通方式和消费支出七个指标对山东省休闲农业旅游中的游客行为特征进行分析。

6.4.1　游客的旅游动机

推拉理论是目前学术界普遍认可的用来研究旅游动机的一种有效方法。该理论认为,旅游者的外出旅游是由于受到推力和拉力的共同作用而产生的。推力是由内在的心理因素产生,而拉力则产生于目的地的属性。本书结合休闲农业的特点从"推"和"拉"两个方面设置了教育子女(M_1)、参会或单位组织活动(M_2)、放松身心和缓解压力(M_3)、购买新鲜农产品(M_4)、体验农村生活和乡土文化(M_5)、品尝农家美食(M_6)、增长知识和丰富阅历(M_7)、陪伴家人或朋友(M_8)、亲近自然和感受乡村自然风光(M_9)以及跟随潮流(M_{10})共10个观测项进行统计(图6.1)。结果显示,游客开展休闲农业活动时的旅游动机是比较分散的,占比最高的是"亲近自然和感受乡村自然风光"(18.83%),占比最低的是"跟随潮流"(3.56%),两者之间的差距并不是太大。游客的旅游动机总体可以分为两个层次:M_9、M_6、M_4和M_2观测项是第一层次;剩下的观测项是第二层次。两个层次差距不大,每个层次中各个观测项所占比例比较接近,主要的原因在于动机与每个人的个性、心理和所处的社会环境等因素相关,游客不同的个性、心理因素和所处的社会环境导致了休闲农业旅游动机的复杂性。

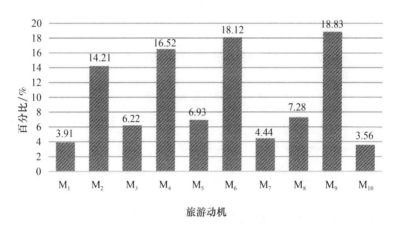

图6.1 游客的旅游动机统计

6.4.2 游客的认知行为

了解游客对休闲农业的认知情况以及获取信息的渠道是做好宣传工作的基础和前提。调查数据统计显示,在被调查的563位游客中,有497人听说过休闲农业旅游,占总人数的88.28%;66人没有听说过休闲农业旅游,占11.72%。统计结果进一步显示(图6.2),在497位听说过休闲农业旅游的被调查者中,网络、旅游宣传册(片)和亲友推荐是游客获取休闲农业旅游信息的主要途径,分别占比38.01%、24.51%和21.67%。这说明随着我国信息技术和电子商务的发展,网络已经成为游客了解旅游信息的重要途径,游客不仅可以从一些旅游门户网站浏览相关信息,还可以通过景点的公众号获取旅游信息,使得网络成为游客获取旅游信息的第一渠道。值得关注的是,广播、电视在休闲农业旅游信息传递中并没有承担起重要的角色,只占总数的 5.68%,这主要是因为电视的宣传成本对休闲农业地来说过高,而广播在城市居民中的受众群体很小。

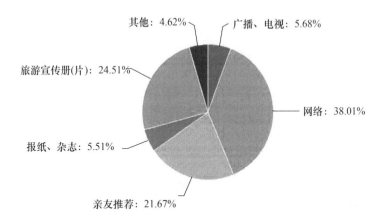

图 6.2　游客的信息渠道统计

6.4.3　游客的旅游方式

在游客旅游方式方面,统计结果见图 6.3,有 294 位游客选择的是家庭游,占比 52.22%;其次是朋友结伴游,占 22.20%;团体游的比例为 17.41%;独行所占比例最少,占比 8.17%。这说明,在相对短距离的休闲农业旅游中,游客倾向于和家庭成员一起旅游,有利于在旅游中增进感情交流、提高家庭幸福感和实现亲子教育。另外,随着现在城市居民工作压力的增大,很多企业单位也开始关注职工的身心健康,并通过休闲农业这种短期的旅游活动缓解员工的压力并增进员工之间的感情。这与前文旅游动机分析时的结果——"参会或单位组织活动"所占比例较高具有较高的一致性。

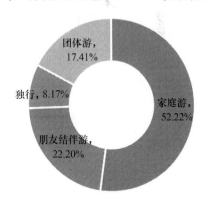

图 6.3　游客的旅游方式

6.4.4　游客的出游时间和出游频率

游客开展休闲农业旅游存在明显的季节性差异,调查数据显示(表 6.3),42.98% 的游客选择在 4—6 月出游,34.81% 的游客选择在 7—9 月出游,两者合计比例为 77.79%。选择 1—3 月出游的游客占比15.45%,选择10—12月出游的游客最少,只占6.75%。这说明,和其他旅游形式一样,休闲农业旅游具有季节性的特点,而且差异非常明显。4—9月是休闲农业旅游的旺季,10月到次年的3月是休闲农业的淡季,除了受游客自身因素影响外,这与休闲农业资源的特征存在非常大的联系。春暖花开和夏秋果熟之际,这是乡村景观最美丽、资源最丰富的时候,自然会吸引大批城市居民回归自然,以踏青、休闲、劳作的方式体验农耕乐趣、品味农收喜悦。

在出游频率方面,数据统计显示(表6.3),游客在过去的一年中参与休闲农业旅游的次数情况是:0次的2人,1次的37人,2次的96人,3次的213人,4次的139人,5次及以上的76人。一年出游3次及以上的游客占到了较大的比重,高达76.02%。进一步分析数据可知,游客的出游频率与其收入存在较强的正相关,结合下文游客交通方式的分析,比较好的解释是收入水平高,拥有私家车的概率极高,而私家车为游客出游提供了很大的交通方便,因而游客的出游频率自然就会提高。

表6.3 游客的出游时间和出游频率

行为特征	分类	人数/人	比例/%	行为特征	分类	人数/人	比例/%
出游频率	0次	2	0.36	出游时间	1—3月	87	15.45
	1次	37	6.57		4—6月	242	42.98
	2次	96	17.05		7—9月	196	34.81
	3次	213	37.83		10—12月	38	6.75
	4次	139	24.69		—	—	—
	5次及以上	76	13.50		—	—	—

6.4.5 游客的逗留时间

调查数据显示(图6.4),在游客逗留时间方面,在旅游地逗留1天的游客最多,有206人,占总人数的36.59%;逗留半天的游客次之,157人,占总数的27.89%;逗留2天1夜的游客占23.98%;逗留2天以上的游客占7.82%。由此可见,目前休闲农业的出游以1天内往返为主,有68.21%的被调查者都是1天内往返,表明游客在休闲农业旅游中具有逗留时间短的特点。

图6.4 游客的逗留时间统计

6.4.6 游客的交通方式

在游客出游的交通方式方面,调查数据显示(表6.4),自驾车是游客进行休闲农业旅游的主要交通方式,比例高达50.09%,这与前文研究"游客的旅游方式"所得到的结论是比较一致的。因为家庭游所占比例高,那么游客出行通常会为了给家庭成员带来便利而选择自驾车出行方式。除了自驾车之外,游客在休闲农业旅游中主要使用的交通方式是公共汽车和公交车,两者分别占比23.80%和12.79%。

表6.4 游客出游的交通方式

交通方式	人数/人	比例/%
自驾车	282	50.09
公共汽车	134	23.80
公交车	72	12.79
火车	44	7.82
其他	31	5.51

6.4.7 游客的消费支出

调研数据显示(图6.5),除去交通费用,游客在休闲农业旅游方面的消费支出并不是太高。其中,花费101~300元的游客人数最多,占33.57%;其次是花费301~500元的游客,占总人数的29.31%;而花费超过900元的游客仅占3.91%;旅游消费在500元以内的游客占到了73.54%。结合这些数据以及前文的分析,表明相比较于远距离型观光度假旅游,休闲农业旅游由于出游的距离和逗留的时间都比较短,因此旅游消费也相对较低,属于低水平消费。

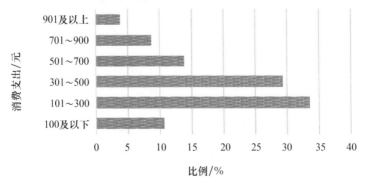

图6.5 游客的消费支出统计

6.5 游客满意度实证分析

在竞争日益激烈的市场条件下,稳定且具有一定规模的游客量是经营性休闲农业旅游地的生命线,而游客的满意度则是推动休闲农业地持续发展的根本动力。游客满意度不仅会影响游客的积极口碑和忠诚度,更会决定游客是否产生重游行为。因此,对休闲农业地的游客满意度进行研究具有深远的意义。当前,国内外学者对游客满意度的研究主要聚焦在含义、形成机制、影响因素、测评方法和模型构建等方面。游客满意度是游客对目的地的预期和在目的地的体验相互比较的结果,若体验与预期比较的结果使游客感觉满意,则游客是满意的,反之,则游客是不满意的,后来逐渐发展为期望差异模型。游客满意度除了与期望有关系之外,还会受到旅游地环境因素以及旅游者旅游动机的影响。游客满意度的影响要素包括期望、感知价值、情感、感知质量、旅游地形象等多个方面,其单一或综合的作用形成游客满意度的复杂机理。SERVQUAL(服务质量)模型、ACSI(美国顾客满意度指数模型)、SERVPERF(服务绩效)模型、结构方程模型等是目前进行满意度评估常用的方法。游客的满意度会直接影响到其忠诚度,旅游质量对满意度具有显著的正向影响,且会通过满意度间接影响游客忠诚度,游客感知、满意度、忠诚度和重游行为之间存在极为复杂的联系。对游客满意度进行分析,需要将其放置到具体类型的旅游地及其所处的特定地域环境中。比如游客对自然观光类、休闲度假类、文化遗产类、主题公园类、艺术馆类和乡村旅游类等不同的旅游地类型,关注的维度必然就会既具有一定的相似性,又存在一定的差异性。

6.5.1 分析步骤与方法

本章采用 SPSS 18.0 统计软件对休闲农业游客满意度问卷数据进行统计和分析,运用 IPA 分析法建立分析模型。首先,运用描述性统计法对游客的总体满意度和忠诚度进行分析;其次,运用配对样本 T 检验对满意度测度指标的期望差异进行分析;最后,运用 IPA 分析法构建象限图,分析各个测度因子的重要性与满意度的分布特征。

IPA 分析方法,即重要性-表现分析法是用来衡量调查对象重要性和绩效水平的测评方法,由 Martilla 和 James 于 1977 年提出,最早被用于考核汽车经销商的业绩,此后在医疗、旅游、会展、教育、信息和服务等领域中得到了广泛的应用,成为提高顾客满意度和优化服务质量的重要工具,其有效性得到了反复验证。它的基本思想是:以所考查对象的绩效水平和重要性分别作为横轴和纵轴,以重要性和绩效的中值或总体平均值为交叉点,构建一个二维四象限的方格图;再依据各考查对象的实际重要性和绩效水平,将它们分布于四个象限之内(如图 6.6),如此便直观、清晰地分析调查对象的优劣势所在。其中,第Ⅰ象限重要性高,绩效显著;第Ⅱ象限重要性高,但绩效不显著;第Ⅲ象限不仅重要性低,绩效也差;第Ⅳ象限重要性低,但绩效显著。相应采取的对策分别为:继续保持、集中关注、低优先和无须过度关注。当用于满意度测量时,IPA中的绩效表现即为满意度评价。目前,国内有些学者已经将IPA引入旅游业领域,分别对历史文化街区、生态旅游景区、旅游公共服务及温泉度假旅游地等方面的游客满意度进行实证研究,本章将运用IPA分析法来认识休闲农业旅游中的游客满意度问题。

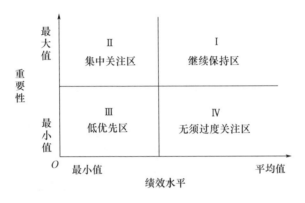

图6.6 IPA象限图

6.5.2 游客满意度结果分析

6.5.2.1 游客总体满意度与忠诚度分析

对游客总体满意度数据进行分析(表6.5),本次调查中53.11%的游客对休闲农业旅游总体上感到满意,有49.38%的游客愿意将自己到访的休闲农业地推荐给别人。这表明游客对山东省休闲农业旅游虽然具有一定的认可度,但整体满意度并不是很高,而且忠诚度也较为一般。

表6.5 游客总体满意度统计

项目	非常满意/愿意		比较满意/愿意		一般		比较不满意/愿意		非常不满意/愿意	
	人数/人	占比/%	人数/人	占比/%	人数/人	占比/%	人数/人	占比/%	人数/人	占比/%
总体满意度	41	7.28	258	45.83	161	28.60	78	13.85	25	4.44
推荐行为	52	9.24	226	40.14	172	30.55	81	14.39	32	5.68

6.5.2.2 游客体验与游客期望差异分析

游客满意度主要受游客的体验前期期望与实际体验的双重影响。本书将游客对休闲农业旅游各要素的重要性等同于游客对这些要素的期望,把其对各要素的实际体验等同于满意度。旅游环境、旅游设施、旅游吸引物、服务质量、消费价格和旅游信息从六个不同的维度构成了游客对休闲农业旅游的满意度因子。为了进一步分析研究山东省休闲农业旅游中游客感知重要性(I)与实际体验满意度(P)之间是否存在显著差异,本书对六个维度指标层下 30 个因子的重要性和满意度表现进行配对样本 T 检验(95% 的置信水平),同时对重要性和满意度进行排序,并计算重要性和满意度之间的差值,以此了解两者的差距,结果如表 6.6。

表 6.6 游客满意度因子差异显著性分析

制约层	指标层	I 值	排序	P 值	排序	$P-I$ 值	T 值	双尾 P 值
旅游环境	优美的自然风光 E_1	3.75	11	3.68	4	-0.07	1.452	0.147
	空气清新 E_2	3.83	6	3.67	5	-0.16	2.882	0.004
	水质清洁 E_3	3.70	15	3.88	1	0.18	-3.455	0.001
	环境整洁 E_4	3.90	2	3.74	2	-0.16	3.328	0.054
	生态环境 E_5	3.80	8	3.71	3	-0.09	1.928	0.000
	当地居民对游客的态度 E_6	3.83	6	3.58	6	-0.25	4.364	0.000
旅游设施	旅游地外部交通的可进入性 F_1	3.73	13	3.21	15	-0.52	8.298	0.000
	旅游地内部交通的通畅性 F_2	4.03	1	3.35	7	-0.68	11.740	0.000
	旅游地图及路牌标识 F_3	3.84	5	3.29	10	-0.55	8.692	0.000
	垃圾桶的分布合理性及清洁情况 F_4	3.84	5	3.34	8	-0.50	8.086	0.000
	卫生间的分布合理性及清洁情况 F_5	3.84	5	3.33	9	-0.51	7.667	0.000
	停车便利性 F_6	3.69	16	3.23	13	-0.46	7.687	0.000
旅游吸引物	特色的乡土文化 A_1	3.68	17	3.21	15	-0.47	7.560	0.000
	特色的乡村景观 A_2	3.81	7	3.27	11	-0.54	7.986	0.000
	动植物种类丰富 A_3	3.72	14	3.25	12	-0.47	6.958	0.000
	娱乐项目丰富 A_4	3.86	4	3.18	17	-0.68	10.494	0.000
	增长"三农"知识的机会较多 A_5	3.79	9	3.12	19	-0.67	9.965	0.000
	特色优质的餐饮 A_6	3.81	7	3.23	13	-0.58	9.445	0.000
	旅游购物(土特产品)A_7	3.73	13	3.22	14	-0.51	8.453	0.000

续表

制约层	指标层	I值	排序	P值	排序	P-I值	T值	双尾P值
服务质量	服务人员的态度 S_1	3.75	11	2.86	25	-0.89	12.718	0.000
	服务人员对产品和服务的了解程度 S_2	3.74	12	3.01	21	-0.73	8.979	0.000
	旅游服务设施安全状况 S_3	3.67	18	2.95	22	-0.72	10.747	0.000
	解说服务 S_4	3.74	12	3.14	18	-0.60	8.701	0.000
消费价格	门票价格合理 P_1	3.89	3	2.93	23	-0.96	12.937	0.000
	体验项目价格合理 P_2	3.67	18	2.93	23	-0.74	10.468	0.000
	餐饮价格合理 P_3	3.77	10	2.91	24	-0.86	10.949	0.000
	旅游购物价格合理 P_4	3.70	15	2.95	22	-0.75	10.003	0.000
旅游信息	旅游地信息咨询服务完善 I_1	3.72	14	3.19	16	-0.53	7.213	0.000
	旅游地设有无线网络(Wifi) I_2	3.69	16	3.34	8	-0.35	5.964	0.000
	旅游地有旅游网站/公众号 I_3	3.83	6	3.03	20	-0.80	10.787	0.000

结果表明,游客对各项影响因子的期望值(重要性指标)分值在3.67~4.03之间,表明游客对休闲农业各要素的期望存在差异。其中,较重要的因子(前五位)是:旅游地内部交通的通畅性、环境整洁、门票价格合理、娱乐项目丰富、旅游地图及路牌标识、垃圾桶以及卫生间的分布合理性及清洁情况(后面3项并列第五)。这进一步表明,对于游客来说,他们不愿花宝贵的时间到访一些"人满为患"的景区,他们更注重景区的整洁环境、性价比以及项目的丰富性。此外,垃圾桶和卫生间相关因子也成为游客十分重视的方面。在对游客的访谈中得知,由于很多旅游地设置的垃圾桶数量不仅少而且分布也不合理,洗手间做不到及时清洁和消毒,甚至有些旅游地的卫生间还存在"旱厕"现象,气温高的时候臭味大、苍蝇多,大大影响了游客的心情。相对来说,游客对当地的乡土文化、旅游服务设施安全状况和体验项目价格并不太重视。在游客的满意度因子指标中,分值在2.86~3.88之间,表明游客对休闲农业各要素的满意度也存在较大差异。其中,满意度较高(前五位)的要素分别为水质清洁、环境整洁、生态环境、优美的自然风光和空气清新,从某种意义上说,这五项全部属于休闲农业旅游地的"硬环境"。满意度较低的是服务人员的态度、餐饮价格合理、体验项目价格合理和门票价格合理等方面,基本属于休闲农业当地的"软环境"。此外,在30个测度因子中,除水质清洁因子外,其余因子的满意度和重要性差值均为负值,即满意度均值低于重要性均值,这也表明山东休闲农业在很多方面可能还不尽如人意,无法满足游客的需求。

6.5.2.3 IPA 分析

本书运用 IPA 方法的具体步骤分为四步:第一步,计算 30 个测度因子的重要性和满意度平均值的范围,绘制 IP 图;第二步,分别确定 30 个测度因子的重要性和满意度的总体平均值,找出这两个数值在 IP 图中的交叉点,然后基于该交叉点延伸画出坐标轴,纵轴代表满意度轴(P 轴),横轴代表重要性轴(I 轴),得到划分为 4 个象限的 IP 图;第三步,依据各因子重要性和满意度的实际水平,将其逐一地定位在 4 个象限内相应的位置;第四步,对这 4 个象限的各因子进行解释。由表 6.6 可知,游客对因子重要性的总体平均值是 3.78,各因子满意度的总体平均值是 3.26,即 $I=3.78$,$P=3.26$;然后基于此交叉点作垂直相交坐标轴,画出 4 个象限,再把每个因子在 IP 图相应的位置标注出来,结果如图 6.7 所示,图中标签所代表的因子与表 6.6 中的编码相一致。结合休闲农业的发展特点,本书将此 4 个象限命名为:优势区、重点关注区、机会区和维持区。

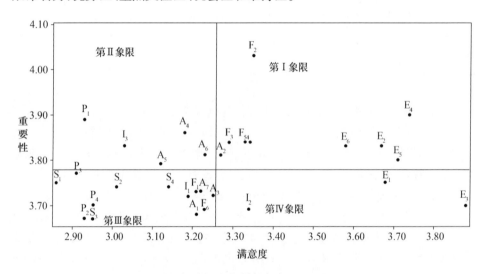

图 6.7 游客满意度因子 IPA 分析

①第 I 象限为优势区,这些因子的重要性和满意度都比较高,是游客认为重要且感知满意度较高的因素,也是休闲农业地的优势旅游因素。空气清新、环境整洁、生态环境、当地居民对游客的态度、特色的乡村景观、旅游地内部交通的通畅性、旅游地图及路牌标识、垃圾桶的分布合理性及清洁情况、卫生间的分布合理性及清洁情况 9 项因子位于高重要性 – 高满意度象限,其中 8 个因子来自于旅游环境和旅游设施指标层,说明旅游环境和旅游设施是目前山东省休闲农业的比较优势所在。但是也得注意,这 9 个因子尽管处于第一象限,但其重要性和满意度却存在显著差异,因此在发展休闲农业过程中仅维持现状是不够的,也要进一步提升改进,为游客提供更好的感受。

②第Ⅱ象限为重点关注区,这些因子的重要性相对高而满意度相对低,有5个因子落在该象限,它们分别是:娱乐项目丰富、增长"三农"知识的机会较多、特色优质的餐饮、门票价格合理和旅游地有旅游网站/公众号。对于游客来说,这些因素非常重要,在实际旅游经历中却没有达到满意,这说明休闲农业旅游经营者没有对这些因素给予足够的重视,进而导致游客实际感受与其期望存在较大差距,因此这些因素是旅游地提高游客满意度的最关键因素。游客来到休闲农业地是想感受与名川大山、名胜古迹不同的乡土特色,如果旅游地项目单一,没有结合"三农"特色,那么对游客的吸引力将会大打折扣。门票价格一直是个敏感话题,价格定得太高会降低游客的数量,定得太低又会影响经营者的业绩,在调查访谈中了解到,有些旅游地门票价格太高,甚至与4A级景区持平,但是质量却与4A级景区相差甚远,让游客感到不满;有些旅游地虽然门票价格较低或免门票,但经营者常会因为节约成本而不太重视硬件的更新和维修,也会给游客带去不满。旅游地有旅游网站/公众号出现在该象限主要是因为随着电子商务的迅速发展,游客更希望能够在网上便利地获取关于旅游地的各项信息,包括资源特色介绍、票务预订、线路指导等等。

③第Ⅲ象限为机会区,位于这个象限的因子理论上不占据优先地位。这些因子的重要性和满意度方面都不高,包括餐饮价格合理、旅游购物价格合理、旅游地信息咨询服务完善、体验项目价格合理、服务人员的态度、旅游服务设施安全状况、解说服务、旅游地外部交通的可进入性、服务人员对产品和服务的了解程度、停车便利性、动植物种类丰富、特色的乡土文化和旅游购物(土特产品)13项。尽管这13项因子位于"双低"象限,但这些指标却很可能会随着市场需求的不断变化或其他因素而变得重要,因此要求休闲农业经营者持续观测并有序地加以改进。

④第Ⅳ象限为维持区,这些因子的重要性低,但满意度相对较高,包括优美的自然风光、水质清洁和旅游地设有无线网络(Wifi)3项。对于游客来说,这些因子并不很重要,而休闲农业旅游地的表现相对较好。对于这部分因子,经营者不用花太多时间和精力在该方面,继续保持即可。

6.6 游客重游意愿分析

如果条件许可,在对山东省休闲农业地的游客调查中,选择还会来本次休闲农业地游览的游客有229人,占40.67%,低于游客的总体满意比例;不会再来游览的游客有186人,占33.04%;还有148人犹豫不定,占26.29%。

进一步对229位游客愿意重游的影响因素进行分析,得出游客愿意再次到访旅游地的因素按照比例高低排列顺序依次为:宁静的自然环境 > 丰富的农事体验活动>休闲娱乐项目多彩>新鲜的乡村特产>性价比高>特色村镇景观>独特乡村文化>其他>农家美食(表6.7)。根据排序情况可以看出,"宁静的自然环境"和"丰富的农事体验活动"成为吸引游客再次到访的最主要原因,分别占比51.09%和44.10%;其次是"休闲娱乐项目多彩"和"新鲜的乡村特产",分别占比36.68%和22.71%;选择"农家美食"的游客最少,占比仅为7.86%。

对186位游客不愿意重游的影响因素进行分析,得到游客不愿重游的原因按照比例高低排列顺序依次为:同质化现象严重>商业气息太浓>缺乏参与性项目>服务不规范>乡土文化吸引力弱>乡村景观欠佳>收费不合理>环境卫生差>其他>交通不便利>缺乏乡村特产>景点标识标牌、路牌不清(表6.7)。根据选择各项不愿重复到访的游客数量来看,相比较于愿意重游的因素,游客不愿重游的因素较为分散,"同质化现象严重""商业气息太浓""缺乏参与性项目"和"服务不规范"是导致游客不愿重游的四大因素,分别占比42.47%、33.33%、29.57%和25.27%。"乡土文化"虽然在游客重游中位次较低,但却成为游客不愿重复游览的主要因素,以及"其他"原因排序高于交通、特产及景点标牌因素,这都更加体现出游客不愿重游原因的复杂性。

表6.7 游客愿意和不愿重游的原因

愿意重游($N=229$人)			不愿意重游($N=186$人)		
因素	人数/人	比例/%	因素	人数/人	比例/%
丰富的农事体验活动	101	44.10	同质化现象严重	79	42.47
宁静的自然环境	117	51.09	缺乏参与性项目	55	29.57
休闲娱乐项目多彩	84	36.68	商业气息太浓	62	33.33
特色村镇景观	46	20.09	乡村景观欠佳	37	19.89
新鲜的乡村特产	52	22.71	乡土文化吸引力弱	45	24.19
性价比高	50	21.83	收费不合理	35	18.82
独特乡村文化	33	14.41	服务不规范	47	25.27
其他	25	10.92	环境卫生差	27	14.52
农家美食	18	7.86	其他	24	12.90
—	—	—	交通不便利	23	12.37
—	—	—	缺乏乡村特产	14	7.53
—	—	—	景点标识标牌、路牌不清	10	5.38

注:这两道题是多选题,因此所有原因的加总百分比大于100%。

6.7　本章小结

本章从市场需求的角度出发,全面分析了山东省休闲农业旅游市场结构和客源市场行为,运用IPA方法,采用SPSS 18.0进行定量分析,构建坐标轴模型,直观地展示了目前游客对山东省休闲农业旅游的真实态度。得到以下结论。

①目前山东省休闲农业旅游的客源市场主要以旅游地所在地及周边地区的游客为主:来自本地的游客比例最大,占总人数的61.81%;其次是旅游地周围的邻市,占21.31%;再次是邻市以外的省内其他城市,占10.48%;最后是邻市以外的省外其他城市,占6.39%。

②对消费者的旅游动机、认知行为、旅游方式、出游时间和出游频率、逗留时间、交通方式以及消费支出分别论证分析,结果表明:游客开展休闲农业活动时的旅游动机是比较分散的;网络、旅游宣传册(片)和亲友推荐是游客获取休闲农业旅游信息的主要途径;他们大多倾向于在4—9月出游,通过自驾车的交通方式实现家庭游;与其他类型旅游形式相比,选择休闲农业旅游活动的游客出游频率更高,但在旅游地停留时间较短、消费较低。

③游客对山东省休闲农业旅游虽然具有一定的认可度,但整体满意度并不是很高,而且忠诚度也较为一般。有53.11%的游客总体上感到满意,有49.38%的游客愿意将自己到访的休闲农业地推荐给别人。运用IPA分析方法对游客满意度6个维度30个测度因子进行评价,结果发现:空气清新、环境整洁、生态环境、当地居民对游客的态度、特色的乡村景观、旅游地内部交通的通畅性、旅游地图及路牌标识、垃圾桶的分布合理性及清洁情况、卫生间的分布合理性及清洁情况9项因子位于高重要性–高满意度象限,其中8个因子来自于旅游环境和旅游设施指标层,表明旅游环境和旅游设施是目前山东省休闲农业的比较优势所在;需要重点关注之处集中在娱乐项目丰富、增长"三农"知识的机会较多、特色优质的餐饮、门票价格合理和旅游地有旅游网站/公众号方面,这5项因子落在高重要性–低满意度象限,这些游客认为非常重要却没有达到满意的因素,是旅游地提高游客满意度的最关键因素;位于"双低"象限的13项因子,有可能会随着市场的变化而变得重要,因此经营者应该持续观测并有序地加以改进;对于位于低重要性–高满意度象限的因子,经营者暂时无须过度关注。

第 7 章 休闲农业中农户认知及态度的实证分析

上一章是从市场需求的层面分析,本章则着重从供给的层面进行研究。经过近三十年的市场推动,山东省休闲农业呈现出多模式、多主体及多功能的发展态势,经营主体也涉及了企业、家庭农场、普通农户、农民合作社以及村集体经济组织等不同类型。众所周知,休闲农业的建设与发展,必须要依靠政府、农户、企业和中介组织等相关主体的积极参与和相互协调,从而形成发展休闲农业的合力。尤其是作为休闲农业发展主导力量的农户,其认知、态度及行为均对休闲农业的持续发展有着深远的影响,故而有必要从农户的视角对休闲农业进行研究。

根据认知心理学理论,人的信念决定其偏好,进一步又决定其决策和行为,主体的认知与态度直接作用于动机,从而对行为主体的行为过程和效果产生影响。运用到休闲农业领域,农户的认知和态度必然会对农户行为产生深远影响。因此,厘清农户的认知对了解其参与行为具有重要的意义。那么农户对休闲农业的认知和态度如何?其行为又受哪些因素影响?本章结合行为心理学和农户经济学的相关理论,以实地调查数据为依据,利用数理统计分析农户对休闲农业的认知和态度,并采用二元 Logistic 模型对影响农户参与休闲农业的意愿进行分析,以期为山东省休闲农业的发展提供参考。

7.1 问卷设计与调查

7.1.1 问卷设计

为了获得本书研究需要的微观数据,首先,以变量的定义、维度以及具体表现为基础,分析筛选已有的相关研究文献,借鉴相关研究成果中的测量指标;其次,根据研究目标的需要和调研对象的实际情况与思考,对题项进行修改、调整,形成调查问卷;再次,对调查问卷进行小规模的预调研;最后,确定最终问卷。问卷主要包括两个部分(附录2),一是农户个体特征基本情况,二是农户对休闲农业的认知和态度情况,主要内容涉及样本农户的个人及家庭特征、生产经营情况、资源禀赋、农户对休闲农业的认知以及态度等方面。

7.1.2 问卷调查及数据来源

本章所用的微观数据来源于调查小组于2017年5—10月期间开展的"山东省农户参与休闲农业的认知及经营意愿"实地调研,在调查地点的选择上,主要基于以下考虑:一是要兼顾不同的农业发展水平;二是要兼顾不同的地理位置和资源禀赋;三是要以国家或省、市级休闲农业点为主要调查区域。最后依据山东即将重点打造的"红、黄、蓝、绿"四大休闲农业产业带,综合考虑选择了潍坊、青岛、枣庄等10个地级市的21个区县作为样本区域。具体调查方法为:首先,筛选性格开朗、责任心强的调查成员发放问卷800份,并就调查的目的、方式、指标含义及相关注意事项等内容进行培训;其次,为避免农户理解上的误差会影响问卷回答的真实性和有效性,本次调查是调查人员利用小长假和暑假期间采取田野调查和入户访谈相结合的方法进行简单随机抽样,由调查人员现场填写调查问卷;最后,对收回的问卷进行仔细审核,剔除无效问卷185份,得到有效问卷615份,有效问卷回收率为76.88%。本次研究的样本容量为615,农户的地区分布涉及山东省10个地市的21个区县(表7.1)。

表7.1 样本农户地区分布状况

地级市	区(县)	有效样本规模/个	所占比例/%
潍坊	寿光	32	9.43
	临朐	26	
青岛	即墨	36	12.36
	黄岛	40	
临沂	沂南	43	11.06
	莒南	25	
滨州	博兴	26	4.23
威海	荣成	64	10.41
济南	平阴	34	10.08
	长清	16	
	章丘	12	
枣庄	山亭	48	15.45
	市中	30	
	滕州	17	

续表

地级市	区(县)	有效样本规模/个	所占比例/%
日照	莒县	22	6.83
	五莲	20	
菏泽	巨野	20	12.03
	曹县	26	
	单县	28	
济宁	嘉祥	20	8.13
	泗水	30	

7.2 休闲农业中农户认知的实证分析

在人的行为决策过程中，人们首先会对收集到的信息进行甄别和筛选形成认知，进而依据认知结果指导其决策行为。认知指的是外界输入的信息经人脑加工处理后，转换成内在的心理活动，进而支配人的行为的心理过程。认知属于意识形态范畴，是不同个体对现实世界的主观反映。认知不是被动地反映客观世界，而是当事人运用自己独特的心智模式来认识世界，而个体的心智模式主要来源于平时经验的积累和持续的学习。由于不同个体的经验和知识积累存在一定的异质性，其心智模式也有差异，因而最终导致认知结果也会同样存在个体差异。"农户对生产中科技作用的认知"就是农户在平常农业生产中根据直接经验和其他渠道获得的对于科技作用的感受和印象。也就是说，在行为个体决策过程中，有限理性经济人受外部环境及自身禀赋的双重影响，其相互作用影响着人的认知。个人的认知结果指导其行为，行为的实施结果又通过内外部环境变化影响认知。农户作为休闲农业发展的主导力量，其认知在很大程度上会影响农户的态度和行为，从而影响到休闲农业的发展进程。本节主要利用实地调查数据，对休闲农业中农户的认知状态进行分析。

7.2.1 农户对休闲农业的概念认知

调查结果显示，当问及农户是否听说过"休闲农业""观光农业"或"农业旅游"时，在615户受访农户中，表示"没听说过，完全不了解"的农户占21.95%；"听说过，但不了解"的农户占20.16%；"听说过，了解一些"的农户占29.59%；"听说过，比较了解"的农户占19.84%；"听说过，非常了解"的农户占8.46%（表7.2）。从了解程度上来说，仅有21.95%的受访农户表示不知道休闲农业，知道休闲农业的受访农户比例近80%。这说明,随着近些年政府和媒体对休闲农业的大力宣传,农户对休闲农业的认知程度较为理想。

表7.2 受访农户对休闲农业的认知情况

认知程度	没听说过,完全不了解	听说过,但不了解	听说过,了解一些	听说过,比较了解	听说过,非常了解
人数/人	135	124	182	122	52
占比/%	21.95	20.16	29.59	19.84	8.46

7.2.2 农户获知休闲农业信息的主要渠道

对知道休闲农业的480位样本农户进一步调查,发现他们主要通过以下几个渠道获知休闲农业相关信息:首先是通过电视、报纸、广播和网络等公共媒体了解休闲农业的农户最多,比重高达62.92%;其次是通过村委会(包括乡村干部)宣传获知的,所占比重为18.33%;再次是通过亲朋好友获知的占9.38%;从次,通过参加宣传培训进而获知休闲农业的农户占5.42%;最后,由涉农企业介绍而了解休闲农业信息的农户占3.96%(表7.3)。由此可见,关于休闲农业开发和经营的推广,离不开政府部门的宣传,若想进一步提高农户对休闲农业的深度认知,则应开展多渠道、多途径的广泛宣传,从而使农户及时了解到休闲农业的进展和动态发展信息。同时,村委会也在休闲农业信息宣传中发挥了重要作用,应加以一定的重视,使其成为进一步宣传和推广休闲农业信息的重要途径。

表7.3 受访农户获知休闲农业相关信息的主要途径

信息渠道	电视、报纸、广播、网络	村委会	亲朋好友	参加宣传培训	涉农企业
数量/人	302	88	45	26	19
比重/%	62.92	18.33	9.38	5.42	3.96

7.2.3 农户对休闲农业各项功能及社会效益的认知

在对休闲农业概念认知的基础上,本书调查了农户对休闲农业各项功能的认知程度(表7.4)。从调查结果中发现,样本农户对休闲农业各项功能及效益的评价,按程度高低依次排名为:抵消农业收入波动,提高经济收入;增加就业机会(尤其是家庭妇女);扩展农产品销售渠道;是一种农业创新;有效地节约销售成本;充分利用闲置的建筑物和房间;改善周边生态环境;促进家庭成员与社会外界的交流和提高当地基础设施水平。其中,有83.90%的样本农户认为休闲农业可以抵消农业收入波动,从而提高经济收入;78.22%的农户认为休闲农业可以增加就业机会;68.78%的农户认为休闲农业可以扩展农产品销售渠道;66.18%的农户认为休闲农业是一种农业创新。由此可见,在现阶段,休闲农业作为集生产、生活、生态于一体,具有一二三产业功能特性的交叉性创新型农业,其经济功能已经得到了广大农户的认知,这在一定程度上为农户参与休闲农业的开发与经营奠定了基础。

表7.4 样本农户对休闲农业各项功能的认知程度调查

休闲农业的各项功能要素	认知程度/%				
	非常同意	比较同意	一般	不同意	不清楚
抵消农业收入波动,提高经济收入	45.85	38.05	10.73	2.93	2.44
增加就业机会(尤其是家庭妇女)	37.89	40.33	13.50	4.23	4.07
扩展农产品销售渠道	35.12	33.66	15.61	7.97	7.64
有效地节约销售成本	23.42	36.42	23.09	8.13	8.94
改善周边生态环境	24.39	22.60	26.83	17.56	8.62
是一种农业创新	30.89	35.29	17.72	7.48	8.62
充分利用闲置的建筑物和房间	26.50	29.27	30.24	8.78	5.20
促进家庭成员与社会外界的交流	18.37	26.99	27.64	15.29	11.71
提高当地基础设施水平	13.82	22.44	31.71	17.40	14.63

7.3 休闲农业中农户态度的实证分析

态度一直是心理学关注的核心内容,而且在其他社会科学里运用也十分广泛。态度是个体对特定对象所持有的稳定的心理倾向,这种心理倾向蕴含着个体的主观评价以及由此产生的行为倾向。态度理论中比较经典的理论模型是由美国心理学家 J. L. 弗里德曼提出的 ABC 模型。该模型将态度理解为由情感(Affect)、认知(Cognition)和行为倾向(Behavior Tendency)三个部分组成。其中,认知是行为个体对态度客体的一种客观评价,也是对一种信念,是好或者坏的一种认知;感情是行为个体对态度客体喜好的程度,如喜欢或讨厌,是一种感觉;而行为意向是表示想或者打算采取某种行动,不一定会发生实际行动。态度与行为的对应关系,心理学界认为:态度本身包含行为的潜在意向,两者属于直接关系,即态度是行为的潜在表示,行为是态度的外在反应,人们可以通过态度来预测行为的发生。本书用农户是否愿意参与休闲农业开发与经营来解释其对休闲农业的态度,在对认知分析的基础上,研究农户对休闲农业的参与意愿及影响农户参与意愿的主要因素。

7.3.1 农户对休闲农业的参与意愿分析

农户对休闲农业的参与意愿,即农户是否愿意利用家中的农业资源开展休闲农业的开发和经营。调查中发现,在615份样本农户中,有452位农户愿意参与休闲农业,占比为73.50%;有163位农户不愿意参与休闲农业,占比为26.50%。进一步对样本农户参与休闲农业意愿的原因进行分析,结果如图7.1和图7.2所示。

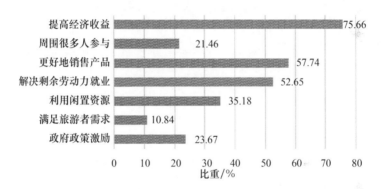

图7.1 样本农户愿意参与休闲农业的动机(可多选)

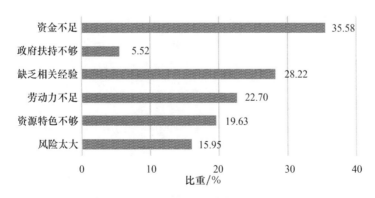

图7.2 样本农户不愿意参与休闲农业的原因(可多选)

农户首先是理性经济人,其做出参与的决策无非是为获取更多的经济收益,由图 7.1 可知:在 452 个样本农户中,参与休闲农业的首要动机是提高经济收益,比重占 75.66%。其次是希望通过开展休闲农业,扩展销售渠道从而更好地销售农产品,比重为 57.74%。有 52.65% 的农户希望通过休闲农业的开展解决剩余劳动力就业问题。还有 35.18% 的农户出于利用家中闲置农业资源而考虑开展休闲农业项目。此外,还有一部分农户愿意参与休闲农业的开发与建设是为了响应政府政策、受周围人的影响和满足旅游者的需求。

针对不愿意参与休闲农业项目的 163 位样本农户,对其不参加的原因进行分析。结果(图 7.2)表明,在 163 位样本农户中,大多是出于资金不足的原因而导致不愿意参与休闲农业的开发和经营,比例达 35.58%;其次,经验不足是制约农户是否愿意参与休闲农业的重要因素,比例为 28.22%;劳动力不足和资源特色不够在一定程度上也影响了农户是否愿意参与休闲农业,比例分别为 22.70% 和 19.63%;还有一部分农户表示风险太大和政府政策扶持力度不足限制了其参与休闲农业的意愿,所占比例分别为 15.95% 和 5.52%。值得注意的是,农户不愿意参与休闲农业的原因比较分散,这反映出农户个体特征的复杂性以及对开展休闲农业项目的疑虑比较多。

7.3.2 农户参与休闲农业意愿的计量分析

7.3.2.1 理论分析与研究假设

无论是在国外还是国内,最初的旅游开发往往忽视社区及居民参与,大多是一种自上而下推行的政府或企业行为,这使得旅游发展与社区、与地方居民相脱离,产生了很多问题。因此,当地社区及居民参与旅游发展成为旅游目的地发展的一个重要命题,社区与居民导向的旅游规划理念被认为是旅游业实现可持续发展的重要途径。当前研究文献探讨的内容主要集中在社区居民对旅游发展的感知、居民参与形式及参与的障碍因素等方面。社区居民参与旅游发展分为象征式参与、被动式参与、咨询式参与、因物质激励而参与、功能性参与、交互式参与和自我激励式七个层次。周围是否有影响力的人、沟通能力、制度框架、文化水平及监管在旅游参与中起了关键性作用。本章对农户参与休闲农业经营的意愿进行研究,主要基于以下三点考虑:①从农户自身角度看,农户本身作为旅游产品的重要组成部分,应当积极融入到休闲农业发展过程中;②从休闲农业发展本质角度看,休闲农业必须能够提供与当地地域环境和乡土文化相协调的产品,那么农户应成为休闲农业发展的受益人而非受害者;③从可持续发展角度看,基于农户参与视角的休闲农业发展决策体系和发展模式是休闲农业可持续发展的重要保证。

一般而言,行为的发生以意愿为前提。意愿是行为主体在进行某项行为活动之前的心理准备和权衡,没有意愿很难有后续的行为发生,但是有意愿也可能未必开展后续的活动,意愿也受到多重因素和作用机制影响。在一个完整的经济系统下,农户的决策行为受到多种因素复杂的影响。根据农户行为理论,农户的行为是理性的。但农户的理性是有限的,农户不是"具有理性最大化行为的经济人",而是"有条件的最大化"。农户的行为之所以不是完全理性的,是因为人的自身条件、自然环境条件、社会环境条件、非理性因素都会构筑起理性的边界,从而使得人的认知能力、计算能力、决策能力有限。由于我国农户的生产经营规模小,因而抗风险能力较弱,一般认为农户是风险规避者。文化归属、利益分配、效益认同、组织需求、政策支持、参与能力等六个因素是居民参与乡村旅游建设的主要影响因素,文化归属感是居民社区参与的首要影响因素。受教育程度、是否参与旅游经营培训和社区旅游感知态度对居民参与乡村旅游经营意愿概率具有显著正向影响。文化程度高、家庭收入相对较低以及对政府旅游相关政策了解程度与农户参与乡村旅游意愿成正比。年龄越大,文化程度越低,健康水平越差的人越不支持乡村旅游开发,从事农业生产的人比从事其他行业的人更支持乡村地区的旅游开发。依据休闲农业的发展特征,借鉴现有的一些相关研究成果,综合考虑本书的实际和实地调研数据,本书对影响农户参与休闲农业经营意愿的因素提出农户个人特征、农户家庭特征、资源禀赋特征、农户行为认知特征和外部环境特征五个假说。

(1) 农户个人特征。

农户个人特征包括性别、年龄、受教育程度以及风险承担能力四个变量。考虑到休闲农业产品的休闲属性,以及为旅游者所提供的休闲产品的环境要求,一般认为农户的年龄越大,思想观念越保守,越不愿意改变现有的生产行为和经营决策,参与休闲农业经营的意愿越低。农户的受教育水平越高,越容易接受新事物,越倾向于参与休闲农业。农户的风险承担能力越强,越愿意尝试休闲农业,期望为自己带来更高的收入。

(2) 农户家庭特征。

农户家庭特征包括劳动力数量、农业收入水平和家庭资金支持力度三个变量。其中,农户家庭劳动力数量是农户参与休闲农业经营的基础,因此,劳动力数量大的农户家庭更倾向于参与休闲农业。农业收入水平则反映了农业在农户家庭中的相对重要性,为了扩展农产品的销售渠道、增加额外收入、利用闲置的农业资源,农业收入水平高的农户更愿意参与休闲农业。此外,休闲农业的开展需要一定的资本投入,农户拥有的资金量越大,越倾向于休闲农业项目的开发和经营。

(3) 资源禀赋特征。

资源禀赋特征包括交通区位、旅游资源和社会资源三个变量。休闲农业的发展离不开资源条件的支撑。土地、房屋等资源距离城镇越近,周围的交通条件越完善,农户越可能愿意开展休闲农业。附近有特色的自然资源或社会文化资源越多,则农户开展休闲农业的条件就越优越,他们就越愿意参与休闲农业经营。同时,如果农户家庭中有成员或亲友担任村镇干部,他们更倾向于愿意参与休闲农业项目。

(4)农户行为认知特征。

农户心理认知特征包括休闲农业认知度和前景预期两个变量。农户对休闲农业的认知度越高,则对休闲农业的各项功能越了解,有助于其参与休闲农业。基于经济人假说,一般农户对休闲农业未来前景预期越好,其参与休闲农业经营的信心就越充足,他们愿意参与休闲农业项目的经营。

(5)外部环境特征。

外部环境特征包括亲友的示范作用、宣传推广、组织化程度和涉农技术培训四个变量。从理论上说,农户具有从众心理,亲友的示范作用越强,他们越愿意经营休闲农业。如果相关部门对休闲农业的宣传推广力度越大,农户对休闲农业越了解,则他们越有可能参与休闲农业的经营。组织化程度是指农户是否加入了农民专业合作经济组织,如果农户加入了专业合作组织,就更有可能参与休闲农业的项目经营。农户及家庭成员参与相关技术培训状况对其参与休闲农业经营具有正向影响。

7.3.2.2 实证模型构建

二元 Logistic 模型可用于分析个体决策行为,适用于因变量为二分类选择变量的回归分析。该模型分析的出发点是因果关系,即一个行为或者一个选择结果的出现一定是由许多因素共同作用而造成的。农户参与休闲农业经营的意愿是一个典型的二元决策问题,因此本书运用二元 Logistic 模型对农户参与休闲农业经营意愿的影响因素进行评价。该模型具体形式为

$$P_i = F(y) = F(\beta_0 + \sum_{i=1}^{n}\beta_i x_i) = \frac{1}{1 + \exp[-(\beta_0 + \sum_{i=1}^{n}\beta_i x_i)]} \quad ①$$

式中:P_i 表示农户愿意参与休闲农业经营的概率;y 是因变量,表示农户是否愿意经营休闲农业;β_i 表示影响因素的回归系数(待估参数);n 表示自变量即影响农户参与意愿的因素的数量;x_i 表示影响调查农户是否参与休闲农业经营行为的变量;β_0 表示回归方程的常数项。将式 ① 进行推演,得到

$$\ln \frac{P_i}{1-P_i} = y = \beta_0 + \sum_{i=1}^{n}\beta_i x_i \quad ②$$

运用 SPSS 18.0 软件中的二项分类 Logistic 函数来进行计算,结果包括 B、$S.E.$、$Wald$、Sig 和 $\exp(B)$ 等值。其中,B 值为回归系数,当 B 为正值时,表明该自变量对因变量的影响为正;若为负,则反之;$S.E$ 值代表标准差;$Wald$ 值表示 Wald 统计量;Sig 值表示差异性检验的显著水平,一般 Sig 值小于 0.1 时,表示各参数显著,而 $\exp(B)$ 为回归系数的幂值,它代表假设情况发生的概率。

7.3.2.3 影响因素分析

(1) 变量的选择。

本书的被解释变量是农户是否愿意参与休闲农业的经营行为,有参与行为意愿的农户赋值为1,没有参与行为意愿的农户赋值为0。解释变量主要选择前文研究假设中的5类因素(农户个人特征、农户家庭特征、资源禀赋特征、农户行为认知特征和外部环境特征)共16个变量。变量指标、含义说明、统计特征及预期影响方向见表7.5。

表7.5 模型变量的说明、统计特征及预期影响方向

变量类别	变量指标	变量含义	平均值	标准差	预期影响
农户个人特征	性别(x_1)	女=0;男=1	0.77	0.421	
	年龄(x_2)	30岁及以下=1;31~40岁=2;41~50岁=3;50岁以上=4	2.76	0.887	
	受教育程度(x_3)	小学及以下=1;初中=2;高中=3;大专及以上=4	2.06	0.763	+
	风险承担能力(x_4)	风险规避=1;风险中性=2;风险偏好=3	1.50	0.633	+
农户家庭特征	劳动力数量(x_5)	家庭实际劳动力人口数	3.81	1.071	+
	农业收入比重(x_6)	农业收入/家庭总收入:20%及以下=1;21%~40%=2;41%~60%=3;61%~80%=4;81%以上=5	3.21	0.943	+
	资金支持(x_7)	是否有足够的闲置资金:无=0;有=1	0.66	0.473	+
资源禀赋特征	区位交通(x_8)	土地/房屋等资源与城镇的距离:很远=1;较远=2;一般=3;较近=4;很近=5	3.03	1.145	+
	旅游资源(x_9)	附近是否有特色自然资源或社会文化资源:无=1;较少=2;一般=3;较多=4;很多=5	3.07	0.964	+
	社会资源(x_{10})	是否有家庭成员/亲友担任村镇干部:无=0;有=1	0.31	0.464	+

续表

变量类别	变量指标	变量含义	平均值	标准差	预期影响
农户行为认知特征	休闲农业认知度(x_{11})	完全不了解=1；不了解=2；了解一些=3；比较了解=4；非常了解=5	3.34	0.884	+
	前景预期(x_{12})	很悲观=1；较悲观=2；一般=3；较乐观=4；很乐观=5	3.48	0.904	+
外部环境特征	亲友的示范作用(x_{13})	周围是否有亲友从事休闲农业项目：很少=1；较少=2；一般=3；较多=4；很多=5	3.06	1.208	+
	宣传推广(x_{14})	相关部门对休闲农业的宣传推广力度：完全没有=1；较少=2；一般=3；较多=4；很多=5	3.03	0.904	+
	组织化程度(x_{15})	是否加入了农民专业合作经济组织：没有加入=0；加入了=1	0.40	0.491	+
	涉农技术培训(x_{16})	家庭成员参与相关技术培训情况：从未参加技术培训=1；偶尔参加技术培训=2；经常参加技术培训=3	1.32	0.559	+

（2）二元Logistic模型结果。

本书运用SPSS 22.0统计工具，运用强迫引入法将1个因变量和16个自变量纳入二元Logistic模型处理，得到参数估计结果（表7.6）。由表7.6可知，模型通过了H-L拟合优度检验。其中，-2对数似然值为318.268，Cox & Shell统计值和Nagelkerke统计值分别为0.439和0.660，均大于0.3。这说明该模型较好地解释了因变量的变动，模型的拟合优度较好。从表7.6中可以看出，受教育程度、风险承担能力、劳动力数量、资金支持、区位交通、旅游资源、休闲农业认知度、宣传推广、前景预期、亲友的"示范作用"和组织化程度11个因素对农户的经营意愿具有显著影响，而性别、年龄、农业收入比重、社会资源和涉农技术培训5个变量对农户经营意愿的影响不显著。

表7.6 农户参与休闲农业经营意愿影响因素的二元Logistic模型回归结果

变量	回归系数 B	标准误差 S.E	统计量 Wald	显著度 Sig	幂值 exp(B)
性别(x_1)	-0.221	0.462	0.228	0.633	0.802

续表

变量	回归系数 B	标准误差 S.E	统计量 Wald	显著度 Sig	幂值 $\exp(B)$
年龄(x_2)	-0.139	0.207	0.451	0.502	0.870
受教育程度(x_3)	1.177***	0.270	19.048	0.000	3.245
风险承担能力(x_4)	0.612*	0.324	3.569	0.059	1.844
劳动力数量(x_5)	0.477**	0.191	6.236	0.013	1.611
农业收入比重(x_6)	-0.086	0.212	0.164	0.686	0.918
资金支持(x_7)	0.732**	0.316	5.357	0.021	2.080
区位交通(x_8)	0.817***	0.183	19.847	0.000	2.264
旅游资源(x_9)	0.466**	0.210	4.896	0.027	1.593
社会资源(x_{10})	0.150	0.372	0.162	0.687	1.162
休闲农业认知度(x_{11})	0.684***	0.230	8.872	0.003	1.981
前景预期(x_{12})	0.666***	0.225	8.749	0.003	1.946
亲友的"示范作用"(x_{13})	0.397***	0.143	7.692	0.006	1.487
宣传推广(x_{14})	0.395**	0.184	4.612	0.032	1.484
组织化程度(x_{15})	1.161***	0.374	9.661	0.002	3.194
涉农技术培训(x_{16})	0.384	0.252	2.327	0.127	1.468
常量	-14.438	2.083	48.049	0.000	0.000
-2对数似然值			318.268		
Cox & Shell R^2			0.439		
Nagelkerke R^2			0.660		

注：*、**、***分别表示在10%、5%、1%的统计水平下显著。

(3) 影响因素分析。

从农户个人特征来看，受教育程度和风险承担能力对农户意愿的产生具有显著的正影响。其中，受教育程度的回归系数高达1.177，在1%的统计水平下显著；风险承担能力的回归系数为0.612，在10%的统计水平下显著。休闲农业作为一种新型的生产和经营模式，不仅需要好的项目创意和想法，还需要具备优秀的经营能力和营销能力，而这些更多地都是建立在已有知识基础上的个人思想和学习行为方面的。农户的文化程度越高，对新知识、新技术的接受能力，主动学习新知识、新技术以及综合运用各种所学知识的能力就越高。因此，他们对休闲农业的经营意愿就越高。另外，休闲农业的概念还比较新，其生产和经营模式与传统农业存在较大差异,于农户而言,参与休闲农业存在一定的风险,因而风险承担能力高的农户更愿意从事休闲农业。

从农户的家庭特征来看,劳动力数量和资金支持均在5%的统计水平下对农户的经营意愿产生显著正向影响。旅游业是一项劳动密集型产业,休闲农业作为集农业与旅游于一体的新型生产经营形态,具备了很多旅游业的特征,对劳动力的依赖程度比较高。因此,劳动力数量多的农户愿意经营休闲农业的概率较大。再者,休闲农业的经营需要一定的基础投入、管理投入和市场开拓投入,由此产生的成本必将大于他们经营传统农业的成本,故而家庭资金支持力较高的农户更加愿意从事休闲农业。统计结果还表明,尽管农业收入比重在10%的统计水平下不显著,但影响系数为负(-0.086),与理论预期不相符。原因可能在于,非农化程度高的家庭对传统农业本身的依赖度较小,反而对具备旅游业各项特征的休闲农业参与意愿较强。

从资源禀赋特征来看,区位交通和旅游资源状况对农户的参与意愿都具有显著的正向影响。其中,区位条件好的农户愿意经营休闲农业的概率是区位条件欠佳农户的2.264倍。出现这种结果的可能原因是:休闲农业的客源出游多以近程为主,在交通工具上通常采用自驾汽车、客运巴士和自行车等,因而对公路交通系统的发育程度要求较高。旅游资源禀赋对农户的参与意愿具有显著的正向作用,且幂值为1.593,表明旅游资源禀赋优势明显的农户参与休闲农业的意愿是优势不足农户的1.593倍,这主要是因为我国休闲农业最早起源于坐落在乡村地区的旅游景区,以景区为核心、发挥景区边缘效应和农业资源互补效应是多数休闲农业发展的最初模式,因而对旅游资源具有一定的依赖性。

从农户认知特征来看,农户对休闲农业的认知度及前景预期对其经营意愿产生了积极影响,且均在1%的统计水平下显著。这表明农户对休闲农业的认知程度越深,就越能了解休闲农业在提高经济收入、增加劳动力就业、充分利用闲置农业资源以及扩展农产品销售渠道等各方面的优势,越愿意参与休闲农业。农户对休闲农业情景的判断越乐观,对未来发展休闲农业的预期就越好,从事休闲农业的信心也越充足,因而参与休闲农业的意愿也越强烈。

从外部环境特征来看,宣传推广、组织化程度以及亲友的"示范作用"也对农户参与休闲农业意愿产生了显著的积极影响。政府的宣传推广对农户的参与意愿有较强的正向效应,这是因为:首先,当前政府部门对休闲农业发展的推广和支持力度是前所未有的,在休闲农业的路径选择上发挥着不可替代的促进作用和导向作用;其次,在休闲农业的路径实现过程中,农户普遍存在政策需求,期望在生产和经营环节能得到相关的优惠和扶持(如贷款、补贴、用地及信息咨询等)。因此,政府的推广宣传越多,农户对相关的政策导向就越了解,参与休闲农业的意愿就越强烈。一般而言,与未加入合作社的农户相比,加入合作社的农户不仅综合素质更高,而且还更能获得技术、信息以及管理等方面的服务和指导,因而更愿意参与休闲农业。此外,农户的行为容易受周边人的影响,如果农户周围有许多亲友从事休闲农业并且取得了较好的经济和社会效益,那么他们也会倾向于参与休闲农业。

7.4 本章小结

本章利用实地调查数据分析了农户对休闲农业的认知和态度现状,并运用二元 Logistic 模型对影响农户参与休闲农业意愿的因素进行计量分析,得出如下结论和启示。

①在对休闲农业认知方面:知道休闲农业的受访农户比例近 80%,仅有 21.95% 的受访农户表示不知道休闲农业,这说明,随着近些年政府和媒体对休闲农业的大力宣传,山东省农户对休闲农业的认知程度较为理想。在信息渠道方面,通过电视、广播、报纸和网络等公共媒体了解休闲农业的农户最多,其次是通过村委会宣传获知,再次是通过亲友推荐获知,最后是通过参加宣传培训和涉农企业介绍。农户对休闲农业的功能认知按认可程度依次排名为:抵消农业收入波动,提高经济收入;增加就业机会(尤其是家庭妇女);扩展农产品销售渠道;是一种农业创新;有效地节约销售成本;充分利用闲置的建筑物和房间;改善周边生态环境;促进家庭成员与社会外界的交流和提高当地基础设施水平。

②在对休闲农业态度方面:农户参与休闲农业经营的意愿较强,有 73.50% 的农户表示未来愿意参与或继续参与休闲农业的经营。农户愿意参与的动机主要集中在提高经济收益、更好地销售产品、解决剩余劳动力就业、利用闲置资源、政府政策激励、周围很多人参与和满足旅游者需求等方面;不愿意参与的原因则主要集中在资金不足、缺乏相关经验、劳动力不足、资源特色不够、风险太大和政府扶持不够等方面。

③在影响农户参与意愿方面:构建 5 类因素(农户个人特征、农户家庭特征、资源禀赋特征、农户行为认知特征和外部环境特征)共 16 个变量,运用二元 Logistic 模型对影响农户参与休闲农业意愿的因素进行分析。结果显示,受教育程度、风险承担能力、劳动力数量、资金支持、区位交通、旅游资源、休闲农业认知度、宣传推广、前景预期、亲友的示范作用和组织化程度 11 个因素对农户的经营意愿具有显著影响,而性别、年龄、农业收入比重、社会资源和涉农技术培训 5 个变量对农户经营意愿的影响不显著。

第8章 国外休闲农业发展的成功经验及启示

早在1855年,一位叫欧贝尔的法国参议员组织一群贵族到巴黎郊外开展乡村度假活动,他们品尝野味,伐木种树,清理灌木丛,挖池塘淤泥,学习养蜂,与当地农民同吃同住,这被认为是乡村旅游的开始。1865年,意大利成立了"农业与旅游全国协会",专门介绍城市居民去乡村体验休闲生活,成为休闲农业诞生的标志性事件。此后,德国、荷兰、英国、美国、加拿大和日本等国家都开展了丰富多彩的休闲农业活动,并取得了明显的经济效益、社会效益和生态效益。20世纪50年代后期,发达国家出现了融休闲、观光、度假、教育、餐饮、住宿、购物和娱乐等多功能于一体的观光农园,并出现了专门从事休闲农业的工作人员,标志着休闲农业成为一个新兴的产业,并进入全面发展。20世纪70年代,欧美发达国家及日本逐步形成休闲农业产业规模。纵观全球休闲农业的发展,欧美、日本等发达国家在休闲农业发展的水平、层次、规模以及功能开发等方面已经走在了世界的前列,这些国家在政策和资金等各方面的有力支持下探索发展出各具特色的休闲农业旅游项目与产品,每年吸引着全球数以百万计的游客前往观光、体验,对地区农业、农村经济的发展起到了巨大的提升作用,为其他地区发展休闲农业提供了很好的经验借鉴。

8.1 国外休闲农业的发展

8.1.1 德国休闲农业

德国是工业发达的国家,城市化程度很高,加之农业资源丰富,休闲农业很快就发展起来。德国休闲农业诞生于19世纪末,快速发展主要集中在20世纪70年代以后,经过约50年的发展,目前德国的休闲农业大致分为休闲农庄、市民农园和乡村博物馆三种类型。

德国休闲农庄主要是农户依托自己的农业资源开发旅游产品,以农庄的特色项目、农家有机食品吸引城市旅游者前往农庄度假娱乐的经营方式。20世纪60年代,德国经济发展呈现下降,国内居民的消费水平受到极大影响,很多市民开始寻求廉价的休闲旅游方式,而休闲农庄正好符合他们的要求,因而受到市场的欢迎得到规模发展。为防止农庄走上商业化经营,德国政府明文规定农庄的住宿房间不能超过6个,每个房间的床位不能超过15个,对低于该标准的经营主体给予免税或减税的优惠政策。德国的休闲农庄经过近60年的发展,现在依然保持着独特的吸引力。

德国的乡村博物馆是依据不同阶段具有代表性的农宅复建的,在复建的过程中注重保持原有建筑的特色,立面呈列不同阶段的农耕文物,力求全面展示同阶段农民的生活方式,还定期举办农业科普活动,已经成为其重要的教育基地。目前,德国有80处乡村博物馆,大多由政府管理。

市民农园是德国休闲农业发展的一大特色,它是将城郊农地以单位的形式出租给市民,以供承租者体验劳动过程并享有劳动产品的一种新型农业生产经营形式。它起源于中世纪德国的Klien Garden(自给自足的小菜园),许多德国市民偏好在自家庭院里开展园艺工作,享受亲自栽培农作物带来的乐趣。到19世纪后半叶,德国政府推行"市民农业"制,即政府为每户市民提供一块荒地以实现市民的蔬菜自产,市民农园开始真正发展起来。1919年,德国制定并通过了《小果菜园和小型租赁地管理规则》,规定市民公园的土地只能以租赁方式获得,土地允许转让但不得买卖。1983年,德国将这部法规改名为《联邦市民农园法》。随着德国经济的发展,越来越多的居民喜欢上了周末去市民公园享受田间乐趣。因而,2001年德国政府再次对该法规进行修编。修编后的法规将市民农园的服务宗旨转向为市民提供体验农家生活的机会,经营方向也由生产导向转向以农业耕作体验与休闲度假为主,并界定了市民农园五大功能:提供安全食品、营造城市绿色环境、体验农耕乐趣、满足休闲娱乐需求和促进城乡融合。完善的法律条例为德国休闲农业发展提供了必要的制度保障。

8.1.2 法国休闲农业

法国的休闲农业同样具有悠久的历史,萌芽于1955年。20世纪70年代法国推出"农业旅游"后,以农场经营为主的休闲农业得到较快的发展。农场类型主要有美食品尝类、住宿类和休闲类,具体有教育农场、露营农场、骑马农场、农产品农场、暂住农场、狩猎农场、点心农场、农场客栈和探索农村九种形式。据统计,目前法国有各种农场101.7万个,其中大于0.5 km^2 的农场数量为17.2万个,占农场总量的16.91%;0.5 km^2 以下的中小型农场有84.5万个,占农场总量的83.09%。

法国休闲农业的发展得益于政府、社会团体和农民协会的联合推动。为了推动农场旅游有序规范地发展,法国农业会议常务委员会于1998年设立了农业与旅游接待服务处,并积极联系其他社会团体如农业工会联盟、农会互动联盟和农民中心等组织开展合作,积极研发构建了"欢迎莅临农场"的组织网络,当时有3 000多个农户加盟。该组织网络不仅辅助政府制定相关政策,为农户提供必要的经营帮助,还制定了专门条例以严格规范农场行为,禁止售卖或采买远处农场的农产品,以保持自身农场特色和提高竞争力水平。此外,法国政府还成立了专门会议机构对休闲农业事务进行讨论、决策,由旅游发展署负责休闲农业的海外宣传和推广工作,每年定期举办休闲农业博览会,为国内各种休闲农业经营主题提供及时的市场信息。

8.1.3 意大利休闲农业

意大利是世界上旅游业最发达的国家之一。早在1865年,意大利就成立了"农业与旅游全国协会",专门介绍城市居民到农村去体味农业野趣,与农民同吃住同劳作。意大利休闲农业真正发展始于19世纪80年代,到19世纪90年代达到燎原之势,最为知名的一项活动就是"领养一只羊",休闲农业得到全面发展,学术界称之为"绿色假期"。目前,随着"崇尚绿色、注重提高生活质量"逐步成为意大利年轻人的生活理念,休闲农业已逐步发展为集新型生态环境、丰富多彩的民风民俗、现代化都市生活与其他社会文化现象于一体的新兴产业。同时,"绿色农业旅游"的发展使得意大利的农村成为一个"寓教于农"的"生态教育农业园",有效地扩大了生态农业耕地面积,为休闲农业的绿色发展提供了良好的平台。

意大利政府在政策上支持休闲农业的发展,不仅在发展方向上进行"绿色、生态"引导,而且早在1985年就制定了相关的法律法规对休闲农业进行规范,对经营内容和资质认证做出规定。此外,合作经济组织的推动也是意大利休闲农业发展的一大特色。从等级上看,意大利的农业合作社分为三种:初级合作社、中级合作社和高级合作社。其中,初级合作社主要由零散的农户组成;中级合作社一般由数十个来自不同地域的初级合作社联合组成;高级合作社则属于全国性的合作社,由若干地区的中级合作社组成。在各级合作社的有针对性的组织和统筹下,意大利的休闲农业逐步走上了规模化、标准化的轨道。各级合作社将各种经营技巧、市场信息和先进的技术通过完善的平台传递给各个经营主体,优化了休闲农业资源的配置效率,实现了休闲农业的高质量发展。

8.1.4 美国休闲农业

美国休闲农业的兴起可以追溯至19世纪上层社会的乡村旅游。一些市民为了消磨平常闲暇时间,到西部郊野开展乡村休闲活动,付大约每小时60美分的价钱给农夫来租马消遣,由此导致第一个休闲牧场于1880年在北达科他州诞生。1925年,一些州为了整体宣传休闲农业品牌并加强和交通运输公司的合作,纷纷成立休闲牧场协会。1960年,美国出现了农产品生产过剩的局面,为了扭转这一局面,美国农业部推动了"农地转移计划",鼓励农民对土地进行其他非农功能的开发,政府对这些农户给予一定的资金和技术支持。计划执行过程中,相当一部分农民将土地用来保育野生动物以及为游客提供观光体验,一定程度上推动了休闲农业的发展。1970年,美国约有2 000处成规模的休闲农场。随后,美国各级政府出台了很多管理办法和政策,不仅成立了农村旅游发展基金和旅游政策会议基金,同时还成立了国家乡村旅游基金,将发展休闲农业作为乡村地区发展规划的重要内容,有倾向地在交通、住宿等基础设施上加大投入,关注休闲农业的效益问题,并提供相关的信息服务。美国的休闲农业在国家政策的鼓励之下,得以快速发展。从相关调研资料中不难发现,当下所有的美国成年人中,曾参与乡村地区旅游的人数达到了2/3,其中有90%属于休闲旅游。

休闲度假农场是美国休闲农业的一大亮点,发展成熟,经济效益显著,其类型主要涵盖了以下几个方面:其一为农产品购物型,市民去农村购买生态农产品的同时还顺便享受一下地道的乡村餐饮;其二为农事体验型,市民在参与农业生产的体验过程中,感受田间劳作的乐趣;其三是农村景观型,利用乡村优美恬静的自然风光,奇特的地形地貌,提供给市民放松身心的环境;其四是农业展示型,开设农业博物馆,主要包括农业文化博物馆和特色农产品博物馆。此外,美国非常注重发挥当地的特色与传统文化,将当地民俗节庆融入到休闲农业中去,并取得了较好的效果,如旧金山半月湾南瓜艺术节、波蒂特草莓节和西北樱桃节等。

8.1.5 日本休闲农业

相比于欧美地区的休闲农业,亚洲的休闲农业起步较晚。其中,最早发展休闲农业并成效最为卓著的国家就是日本。日本早在20世纪50年代末便出现了类似休闲农业的业态。长野县的农民会在每年的冬季,利用当地的自然条件优势,去经营滑雪场抑或是民宿旅馆,对大批游客产生了吸引力。自此之后,休闲农业在日本全面发展起来。20世纪80年代中期衍生出度假农场,如名寄、石垣等自然休闲农场。到了20世纪90年代,日本泡沫经济破灭,休闲农业反而得到了迅速的发展。从1992年日本农林水产省发布的报告——《新食品、农业、农村政策方向》中不难看出,它首次将休闲农业作为山地及偏远地发展对策之一,农事体验、农家乐、乡村文化等休闲农业得到重视。1993年开始,日本政府在全国范围内推进休闲观光农业的发展,大城市周边农村地区的水果采摘型农业园区得到迅速发展。2003年4月,日本政府逐渐放松对农家体验民宿的管制,并将一系列有效的管理政策落实到位,以使其在日本休闲农业的发展过程中发挥一定的推动作用。当前,日本休闲农业的经营形态很多,主要包括市民农园、观光农(果)园、自然休养村、民宿农庄、农村牧场和体验农业等形态。

日本是一个地少人多的国家,政府主导成为日本休闲农业的一大特色,鼓励休闲农业实现多元化发展。日本休闲农业取得成功与日本政府制订合理计划的支持分不开,日本所有休闲园区都是经过科学规划之后才开始建设的,而每一个规划过程都致力于保持乡村的原始风貌。除此之外,日本休闲农业还对绿色生态予以高度重视,明令禁止任何园区对化肥和农药的使用,所有参与休闲活动的市民无不具备较高的环保意识。基于日本各级政府的大力支持和推动,与其相关的政策和法规等也日趋完善,日本休闲农业逐渐走上了规范化的发展道路。

8.2 对山东省休闲农业发展的启示

从欧洲各国、美国和日本等地区休闲农业的发展历程来看,随着城市化进程的加快,在传统农业处于不景气、农业人口进一步减少、农民的效益不断缩减的状态下,积极引入休闲农业来优化农业产业结构、改善农业环境、带动乡村经济发展成为不少国家政府共同的选择。经过几十年甚至上百年的实践,各国在发展既多样化又独具特色的休闲农业活动中,取得了显著的经济、社会和生态效益,提高了农民的收入,统筹了城乡的发展。尽管各国的发展实际不同,所形成的成效也各异,但也形成了一些共同的经验,值得山东省休闲农业发展借鉴。

8.2.1 政府的扶持作用

(1)政策的扶持、行业法规的制定。

发达国家休闲农业发展政策主要体现在宏观管理、行业管理、组织机构与形式、成本与收益等领域。日本政府于2012年出台了《休闲农业区划审查作业要点》和《休闲农场专案辅导实施作业要点》,由政府搭建平台,对休闲农业区及休闲农场的申报、开发和建设等进行有针对性的指导。意大利非常重视休闲农业的基础设施建设工作,农业旅游部积极倡导在全国各地修缮房屋、对已有的经营场所进行改造,而且在发展休闲农业产业的过程中非常重视对商业服务活动进行完善,加强娱乐文体场所的修建和维护,力争为消费者提供高质量、个性化的服务。意大利政府拨出专款打造休闲农场,进行道路、水利设施建设。

各国或地区休闲农业的迅猛发展与他们严格的立法很有关系。早在1919年,德国就颁布了《小果菜园和小型租赁地管理规则》,从法律层面保障了都市农园的发展,还在业内建立了完善的品质认证制度,对消费者的合法权益进行保障。在1999年,美国制定了《农业住宿法案》,严格限定开办农业住宿的条件,在土地利用层面上做出了法律规定。各国的法律法规中,日本的法律法规最为全面,如1969年颁布《新都市计划法》、1974年实施《生产绿地法》、1990年颁布的《市民农园整备促进法》等,并以《观光立国推进基本法、粮食、农村、农业基本法》为基础,构建了立体的休闲农业法规体系,为休闲农业产业在快速发展的过程中提供了一个健康、可持续的发展方向。欧盟实施了"乡村经济开发关联行动计划",以推动欧盟国家休闲农业产业基础性设施建设。这些法律法规从不同层面规范了方方面面,从而推动了休闲农业健康发展。

(2)资金的支持。

实现休闲农业发展的基础性保证就是资金问题,在发达国家发展休闲农业的过程中,政府在资金方面提供了强有力的支撑。1991年,日本制定了《市民农园整备促进法》,为硬件设施建设提供了多项优惠,极大地缓解了休闲农业园区资金不足情况。意大利则通过低息贷款、税收减免的方式扶持休闲农业发展。法国在支持休闲农业发展方面主要采取了三方面措施,一是设置专项发展资金,二是进行资金补贴,三是放宽银行贷款限制,政府将休闲农业发展纳入到政府优先项目当中进行规划,取得的效果也非常良好。英国设置了专项促销经费推动休闲农业发展,这笔经费在1998年为54万英镑,到了2003年则提升到500万英镑,同时英国在共同农业政策中明确提到,每年投入到农村基础设施中的费用不能低于5亿英镑。1992年,美国成立了"农业旅游发展基金",在农民开展休闲农业项目时给予补助。

8.2.2 非政府组织的推动作用

农业协会、民间协会等非政府组织,在发展休闲农业中也起到了重要的作用。由世界各国或地区发展休闲农业的经验来看,协会组织的作用不容忽视,它可以将政府、农户、市场三者有机联系起来,保证政府与经营者的无障碍沟通,搭建了农户与市场需求间的桥梁,也为生产经营者提供了较好的信息传递和技术指导服务。如法国的农会、美国的休闲农业旅游委员会、日本的休闲农业协会、德国慕尼黑菜园园丁协会以及爱尔兰的农舍度假协会等,这些组织致力于市场的开拓和推广,为农户开展休闲农业提供各种咨询和帮助,有力地推动了当地休闲农业的发展。

日本休闲农业协会从协会成员中或者其他农户租借土地使用权。企业一般通过与市町村缔结贷付协定,持完整的运营计划向市町村申请休闲农业项目用地。农民既可以利用自己的农地独立发展农庄、民宿等项目,也可加入所在市町村的农业协会,进行统一的经营管理。德国城市居民对市民公园的需求量较高,但是,农民照顾农园的精力有限。于是在各地政府的倡议和协调下,成立了很多协会,如慕尼黑菜园园丁协会等。协会收取会员们一定的费用,策划承担大部分的组织、管理工作。例如,规定有关的收费标准、管理会员、协调农民与城里人的联系、提供农用器具等等。协会的工作大大减轻了农民的负担,也为城里人提供了更为专业化的服务。

8.2.3 实行严格的评价及审核制度

各个国家在休闲农业发展过程中都非常重视提升游客的消费体验,为其提供高质量服务,让游客可以乘兴而来,在体验了当地特色服务之后满意而去。因此,有严格的市场准入审核制度和全面评价体系。德国为了保障消费者权益制定了严格的乡村旅游品质认证制度,对农场特点、服务质量、基础设施、气氛营造、餐饮服务、卫生状况等都制定了明确的标准,涉及到旅游服务的方方面面,尽可能提升消费满意度。美国规定,所有的休闲农场都要设立流动厕所,确保饮用水源的安全,如果是露天场所,那么就要保证消毒水的供给。日本对休闲农业的质量监管工作落实得非常到位,在国内建立了完善的质量考核、认证与评估体系,即便是已经取得经营许可的项目,政府也会定时对其进行考核,如果不能保证每项指标都达标,那么该项目就无法对游客开放。

8.2.4 依据资源优势,形成产业集聚

休闲农业的魅力来自其不同于其他类型旅游资源的特色。对休闲农业来说最适宜的方式就是实现规模式发展,主要是因为它容易受到地域限制,而且季节性很强。日本在挖掘地域优势方面向来表现出色,比如北海道利用当地风景秀美、自然条件独特、奶牛产业发达等特色,积极开发休闲牧场,日本的很多休闲牧场都集中于此,比如箱根牧场、町村牧场等。日本农业公园主要集中于东京、大阪、名古屋三大都市圈,休闲渔场主要集中在高知市、神户市。

8.2.5 重视宣传、提高休闲农业的知名度

休闲农业发达地区非常重视宣传促销工作,无论是政府,还是企业或农户,每年都会从经济收入中抽出一定比例用于推广。比如美国的旅游行业协会就曾经推出旨在推广休闲农业项目的"州旅游合作计划",希望可以通过这个项目在国际上提升联邦休闲农场的知名度,扩大品牌效应。德国和意大利则非常重视休闲农场的网络营销,为其建立了专门的网站,及时将各项休闲活动发布在网站上。在休闲农业营销方面法国也表现得非常出色,该国十分重视城市周边区域的市场开拓与营销,对休闲农业产品进行全方位、多视角、多层次的宣传,不断拓展新型农产品营销渠道、网络平台建设。日本的休闲农业产品营销体系十分完善,通常采用"农业项目推动+产品推广"的模式,通过向广大民众散发传单、张贴海报等形式,不断加大农村生活与文化宣传力度,积极推广本区域的休闲农业产品。

8.2.6 注重生态保护和建设,实现休闲农业的可持续发展

休闲农业具有多功能性,为了保证它的可持续发展,发达国家无一例外地尤其注重生态环境的保护和建设。德国是最早提出环境保护并投入大量人力和资金的国家之一。德国全民族的环境保护意识体现在社会各个方面,在休闲农业发展上同样如此。在不少农庄和田园里,环境保护体现在很多细节上,物品的循环

利用、垃圾的分类回收、有机产品的使用、景点的人数限制及防止农业的过度开发等。在环保方面美国也极为重视,美国不仅重视自然环境的保护,还格外注重文化环境的保护,由于很多农村地区都保持着朴素的文化习俗,在进行休闲农业开发过程中,美国政府对农民的权利予以充分尊重,不会对当地的习俗进行破坏。

8.3 本章小结

本章选取了休闲农业发展比较成功的国家——德国、法国、意大利、美国和日本进行重点介绍和分析,通过分析上述国家休闲农业发展的实践,总结其经验,这些国家对休闲农业的政策及资金扶持、行业协会参与发展、产业的鲜明特色、形成业态集聚、实行评价认证制度、重视宣传促销、注重生态保护和建设等经验,为山东省休闲农业发展提供了很好的借鉴。

第9章 山东省休闲农业发展的对策

在厘清山东省休闲农业发展的动力机制、充分认识休闲农业的发展历程及发展模式的基础上,通过第4、5、6、7章的山东休闲农业发展的实证分析,可知山东省休闲农业已经进入规范发展阶段,但也存在一些需要解决的问题。因此,进一步明晰山东省休闲农业的发展思路和具体措施,是确保山东休闲农业持续、健康、快速发展的现实要求。从山东省休闲农业的发展阶段来看,目前除了需要积极借鉴发达国家在休闲农业发展过程中的成功经验外,更需要依据山东省自身发展实际,走具有山东特色的创新发展道路,确保休闲农业的顺利升级。

9.1 整体发展思路

任何一项产业的发展,必须要有一个明确、清晰的发展思路作为指导。山东省休闲农业应贯彻落实山东省委、省政府关于大力建设休闲农业的决策部署,立足于山东农村经济发展和社会主义新农村建设的实际,遵循"科学规划、政府扶持、部门联动、多元经营、统筹发展"的休闲农业发展思路,坚持以市场为导向,以"农村增美、农业增效、农民增收"为目标,以统筹城乡建设和振兴乡村为落脚点,充分利用山东省丰富的农业资源、旅游资源、农村田园景观、乡村文化和农业生产活动,提升山东省休闲农业的竞争力,从而构建出"绿色、安全、低碳、高效"的休闲农业体系,使休闲农业成为山东省农业发展的新增长点和旅游产业体系的重要组成部分。

9.2 山东省休闲农业发展具体措施

9.2.1 坚持理念创新,准确把握休闲农业的发展方向

(1)发展休闲农业需要全面科学规划。

当前,山东省各地的休闲农业发展如火如荼,规模不同,形态各异。如何正确引导这股热潮的发展方向,使其成为带动农民增收致富、农业产业转型升级、实现乡村振兴的强大助推力量,科学规划是先决条件。有些休闲农业项目在开发建设前没有做充分的市场论证和前期规划,导致决策的随意性和开发的盲目性,很多

项目模式雷同,竞争力低下。在对山东休闲农业调查走访中发现,很多以个人、民间资本投资为主的休闲农业点整体建设水平比较低,规模也小,没有相应的配套设施,布局不合理,导致服务功能缺乏创新;有些工商资本投资的项目只看重眼前利益,不结合当地的乡村文化把外地的项目照搬过来,造成休闲项目的"不伦不类"。究其根本,就是因为在前期规划方面没有引起足够重视,所以经济效益提升不起来,还衍生了大量雷同的项目。云南省旅游规划研究院副院长蒙睿曾提出旅游规划与开发应采取"形象－资源－产品"策略。按照此项规则,任何休闲农业项目开发之前,都应该充分领会当地的乡土性,并依据资源的实际情况综合开发能体现地域特色的产品。山东省休闲农业的发展必须坚持科学的发展观,按照"因地制宜、整体规划、合理布局"的指导思想,一方面要与美丽乡村建设规划、城镇发展规划和旅游规划相衔接,做好整体规划、合理布局;另一方面还要依据本地区的自然环境、区位条件、资源优势和市场需求等条件,明确功能定位,制定准确的发展方向。

(2)注重生态建设,加强环境保护。

本书实证研究结果表明生态环境是休闲农业发展赖以生存的条件,任何脱离环境保护的项目都将无法生存下去,休闲农业的发展必须融入"生态、环保"的理念。在这方面,发达国家的经验为我们提供了很好的借鉴,如美国在开发休闲农业项目时十分重视对自然环境和历史文化遗迹的保护,出台法律保护环境,开发工作是在保护的前提下有序进行,确保了休闲农业持续健康发展。日本明确要求种植型休闲农业禁止使用农药、化肥,并有相应的法律法规做保障。近年来,山东省各地非常重视乡村地区的生态建设,不断加大生态农业示范县、乡村清洁工程、循环农业示范基地、美丽乡村创建等项目建设力度,努力改善农业生产、农村居住环境和休闲农业发展环境,取得了显著的效果。在这种良好的大环境下,休闲农业的发展应该以环境保护和生态建设为前提,经营主体必须改变传统的"粗放式"经营理念,除了做到基本的不随处排放污水、不乱伐乱建、及时处理垃圾、重视卫生环境等,更要将生态环境的保护融入日常的经营,向消费者传递生态和环保理念。只有这样,休闲农业才有可能持续健康地发展下去。

9.2.2 发挥示范点带头作用,优化空间结构,科学推动休闲农业的集聚发展

9.2.2.1 建立示范点准入退出机制,有效发挥其示范效应

为了促进休闲农业更加稳定发展,各地致力于探索经验、总结典型、培育品牌,并积极开展示范点创建和评选工作。山东省休闲农业可以利用示范点形成的品牌特色和示范效应,辐射到整个区域休闲农业的发展,形成以点带面的良好局面。

(1)建立示范点准入退出机制,定期对示范点进行考核。

目前,山东省每年休闲农业示范点的评选都是依据《山东省关于开展休闲农

业和乡村旅游示范创建工作的通知》开展的,该通知对示范点的评选条件多为描述性的文字,缺乏具体的衡量标准。此外,评选通过的示范点缺乏监督机制,有的甚至仅看中名气带来的客源,忽视了内在建设,导致很多问题的出现。鉴于此,为了更好地发挥休闲农业示范点的示范作用,相关部门应该建立监督机制,定期对示范点进行多维度的考核,建立和扶持相关中介组织,提升示范与学习效果。对于那些多次考核不合标准的示范点应该撤销资格。此外,示范点还要提高自身培训教育的能力,把参观、演示和教育培训作为示范能力的重要内容,通过信息的分享、现场的展示,将经验进行扩散,从而促使示范点成为推进区域休闲农业健康发展的真正标杆。

(2)示范点应因时制宜地更新项目,持续发挥带头示范作用。

得到政府鼓励和扶持的休闲农业示范点,是其他一般休闲农业地的榜样,应当保持持续性的示范作用。通常情况下,一些示范点在刚获得殊荣的时候利用当时的热度吸引一些游客的到来,过了一段时间后,由于不更新项目而丧失了对游客的持续吸引力,不仅客源变少,而且示范作用也逐渐衰退。这就要求,休闲农业示范点不能满足于眼前的效益和成绩,应时刻关注市场需求的变化,因时制宜、与时俱进地更新或增加休闲项目,持续做好提档升级工作。作为国家级农业公园的兰陵国家农业公园就是得益于与时俱进地更新项目特色,从而保持了对游客的持续吸引力,进而成为山东省休闲农业发展的成功典型。

(3)强化示范点和非示范点之间的合作,推动区域休闲农业项目的集聚发展。

休闲农业发展所依赖的农业资源和旅游资源均具有地域性和季节性的特点,走规模化、集中化和专业化发展方向是休闲农业未来发展的必然趋势。因此,示范点和非示范点之间应积极寻求合作、建立紧密的利益联结机制,提高示范点的产业引领能力,促进资源整合聚集,从而带动区域内休闲农业的规模化发展。

9.2.2.2 优化空间结构,科学推动休闲农业的集聚发展

针对山东省休闲农业资源的空间结构,对其提出以下空间优化发展建议。

(1)以增长极和"点-轴"发展理论为基础,加强点上集聚与轴的培育,实现休闲农业资源空间格局上的优化。从空间分布特征的研究结论可以看出,除济南、临沂、枣庄、青岛和潍坊外,山东省休闲农业资源缺乏具有显著优势的集聚中心,已有的高水平休闲农业点空间溢出效应不强而且分布离散。因此,未来各市应该寻找合适的增长极并培育具有吸引力的发展轴线,使得点轴贯通,从而实现休闲农业资源在空间格局上的优化。

(2)整合优势资源,科学引导休闲农业的集聚发展。休闲农业的产业集聚能够引导生产要素流向农村,并带动相关配套产业发展,有效拓展农民的就业和增收空间;同时还能够促进休闲农业的区域化布局和产业化发展,利于发挥空间溢出效应,提高整体竞争力。山东应以各地连片地区为重点,因地制宜做好规划,科

学引导休闲农业的集聚发展。实际操作过程中可以通过重点扶持和分类指导,有效整合产业资源,进而推动区域休闲农业朝规模化和特色化方向发展。

(3)强调差异竞争,重视区域合作。一方面,各市、区应认真分析本地的区位条件,充分利用资源优势、市场客源及周围环境条件发展特色休闲农业,构建主导产业并树立品牌;另一方面,由于各地区的资源禀赋不一,还应充分利用资源的互补,加强区域间休闲农业开发和宣传的合作,从而提高区域内休闲农业的整体竞争力。目前山东省各地市应加强与其他地区的沟通和交流、协作互补,形成跨行政边界的休闲农业协同发展。

(4)依托交通网络,有机整合旅游资源。沿主要交通干道轴线拓展是山东省休闲农业示范点的空间特征之一,尤其是特色村镇、乡村文化和农事体验类旅游地对交通环境的敏感度更高,因此山东省可以依托省道、铁路等交通线路形成网络状格局,发挥交通对乡村旅游发展的先导和支持作用,形成网络状休闲乡村旅游空间格局。

9.2.3 明确市场定位,加强产品建设,完善旅游服务

产业的发展离不开市场需求,对休闲农业来说,也是如此。在市场结构及市场行为特征的基础上,山东省休闲农业首先要明确近距离城市居民的市场定位,因为只有精准的市场定位,才能有针对性地选择目标市场展开营销工作。在此基础上加强产品建设,提高产品的吸引力并完善旅游服务,才能推动休闲农业持续实现经济效益,同时发挥休闲农业旅游的关联带动作用。

9.2.3.1 完善产品类型,丰富休闲内容

(1)完善产品类型,丰富活动内容。

目前山东省休闲观光类比例最高,约占总量的43.75%;其次为特色村镇类,约占总量的19.17%;第三、第四位是农事体验类和农业科技类,分别约占总量的17.50%和15.83%;乡村文化类最少,仅占总量的3.75%。此外,二级类的数量分布也极不均衡,这表明各类休闲农业的发展规模和内部结构还存在一定差异,产品的类型需要完善,休闲内容也要丰富。尤其要挖掘山东省深厚的乡土文化,让这些优秀的文化与休闲农业产品相互交融,丰富休闲农业的内容。山东省休闲农业要结合自身特点和优势,在活动内容上追求多样性及个性化,改变目前休闲观光旅游产品占主导的单一现状,积极利用地区风情风貌、民间艺术、土特产、美食等特色资源,构建多元化的产品体系,增强休闲农业的活力和吸引力。

(2)发挥特色资源优势,开发特色产品。

当前,市民参与休闲农业已经从消费方式升级为生活方式,只有具有地方特色的休闲农业项目才能受到他们的青睐,同质化现象成为游客不愿意再次游览的主要原因。他们不再仅仅满足于休闲观光和娱乐放松,更多的是希望休闲农业项

目可以给自己带来"体验、参与、领悟"的感受,没有特色项目支撑的休闲农业就如同空中楼阁,即使能获得短期的发展,也难以得到游客的认可,最终失去吸引力。因此,山东省休闲农业的发展应依据各个地区的实际情况,在梳理、整合现有"三农"资源的基础上,深度挖掘优势资源,扬长补短,打造本地区优势特色项目,只有这样,才能吸引到越来越多的游客以及回头客,在市场上保持长久的生命力和非凡的竞争力。例如,山东潍坊坊子区洼里村,其休闲农业项目就是在当地种植业基础上面进行的特色延伸,以草莓生产为基础将洼里村打造成蔬菜瓜果生态基地,用其独有的特色吸引了众多游客,由此开拓出了一条乡村发展道路。

(3)加强休闲农业的品牌建设。

山东省目前休闲农业的业态比较多元化,且项目数量众多,同质化现象较为严重。而现在的游客已趋于理性和成熟,要想突显自己的项目特色,提升市场竞争力,就应该打造品牌,充分体现相比较于其他项目的差异性,体现自身项目的价值。当前在山东,休闲农业已经成长为市民的生活方式和生活时尚,这些市民在面对大量同质化的项目时,会有许多顾虑、举棋不定。如果此时出现具有知名度的名牌,消费者就可以从品牌的角度去选择适合自己的休闲农业项目,降低了消费者的选择成本。因此,山东各地休闲农业的发展要在彰显地方特色的基础之上进行一定的创新,有效地加强休闲农业的品牌建设。

9.2.3.2 加强旅游服务培训,提高旅游服务质量

旅游服务质量作为休闲农业发展的重要因素,对休闲农业的持续发展起着不可忽视的作用。针对游客对山东省休闲农业服务质量的不满,根据实际调查以及与游客的访谈,发现休闲农业服务质量要在两方面得到加强。一方面,要完善旅游服务设施,如:适当安排与旅游地相关的"三农"知识以方便游客更加深刻地了解产品特色,在旅游地游览线路上科学设置卫生间和垃圾箱以改善游客乱丢垃圾以及卫生间条件差情况;另一方面要加强服务人员的引导和培训工作,旅游地应定期邀请专家对从业人员进行包括仪态仪表、服务态度、服务技能、服务效率等方面的专业培训,提高从业人员的服务意识、提升服务人员的综合服务能力,从而全面提升山东省休闲农业服务质量。

9.2.3.3 科学合理定价,提高休闲农业旅游性价比

对门票进行科学合理定价是关系到休闲农业地发展和游客利益的重要问题。实地走访中发现,很多游客认为山东休闲农业地的门票价格偏高,资源特色、项目质量与价格较为不符。部分游客认为乡村环境价值不高,很多休闲农业地内还包括交通、餐饮和体验项目收费,所以门票应该免费;还有部分游客认为有些休闲农业地虽然具有资源特色,但无法和一些名山大川及名胜古迹相比,门票价格太高的话不合理。本书认为,同其他类型旅游一样,休闲农业的发展需要配备一定的人、财、物,管理会产生一定的经营成本,因而设置门票无可厚非。但是,价格的制

定不能随意,应该以休闲农业地的旅游地位为导向,结合当地经济水平、资源特色、经营成本以及旅游地内其他项目收费情况科学制定。

9.2.3.4 加强线上宣传,提升休闲农业知名度

旅游宣传是各个休闲农业地走向市场的重要途径。调查走访中发现,很多休闲农业地尚未形成自身的宣传体系,因此,在网络信息和电子商务日益发达的背景下,山东休闲农业应加大线上宣传力度,进而提升知名度。首先,有条件的旅游地可以设计专业网站,完善网站资源介绍、咨询洽谈、在线预订、意见征询等服务功能,加强网站的宣传推广;其次,加强与驴妈妈、去哪儿、途牛、携程以及飞猪等旅游APP的合作,经常更新旅游信息;再次,还可以通过微博、微信等平台进行宣传,注册旅游地的微信公众号,在微信公众号和微博平台发布旅游信息并与游客进行互动,进而更好地宣传旅游地形象。

9.2.4 突出农户主体地位,优化农户经营行为,正确处理当地农民与工商资本的关系

相比较于传统农业,休闲农业发展过程中更要充分考虑农户的参与意愿和参与能力。结合第7章的研究结果,本书认为只有农民认同和支持休闲农业旅游才能保证优质农产品的生产,促进农业资源的有效利用。因此,山东省在发展休闲农业过程中一定要重视农户的主体地位,提升农户的经营能力。

9.2.4.1 强调农民主体地位,维护农户权益

近年来,山东省大力提倡休闲农业的发展,休闲农业成为工商资本投资和经营转型的热点,一些资本进入休闲农业市场后,通过企业化、专业化和组织化把农民撇除在外,兼顾和保障农民利益不够,整体上弱化了农民的主体地位,影响了农民的切身利益。2016年11月,农业部印发了《全国农产品加工业与农村一二三产业融合发展规划(2016—2020年)》并加以强调:大力发展休闲农业,促进农村一二三产业融合发展,要以坚持农民的主体地位、增进农民的福祉为落脚点。因此,在休闲农业发展过程中,政府首先要加大对农户的各项扶持力度;其次,必须要建立公平的休闲农业利益分配机制,真正保障农民的利益。

9.2.4.2 优化农户的经营行为,提高农户的经营水平

实地调查发现,目前山东有大量农户受教育水平不高,很多农户没有参加任何形式的技术培训经历,经营方式传统、服务理念落后,难以适应休闲农业开发建设的要求。要改变当前的这种状况,首先要鼓励农户摈弃传统的小农经营观念,积极加入合作社,加强横向合作,提高他们对市场的认知能力;其次,大力开展人力资源培训,提升山东省休闲农业的服务质量和水平,培训的具体内容主要集中在休闲农业要素内容、服务标准、安全卫生要求、经营和管理水平等方面,鼓励培

养新型职业农民。

9.2.4.3 正确、协调处理好当地农民与工商资本的关系

休闲农业因具备附加值高、盈利空间大的优点,吸引了很多转型农业的企业加入。加之2013年中央一号文件明确提出的"鼓励和引导城市工商资本到农村发展适合企业化经营的种养业"的办法,使得工商资本大规模进入休闲农业。值得肯定的是,工商资本主导开发休闲农业项目,既能带来资金、技术和人才等重要资源,还能运用相对先进的经营管理模式,必然会促进休闲农业的发展。但由于资本的趋利天性,可能有一些工商企业会借休闲农业的开发名义圈走农民手中的土地,用于其他项目建设,不但破坏了农村生态环境,更偏离了休闲农业的目的和宗旨。因此,各地要高度重视农户的发展,坚持以农为本,保护好农民的权益。首先,政府在政策制定、工作部署和财力投放等各个方面要向农户倾斜,突出农户的主体地位;其次,政府可以鼓励发挥新型农业经营主体对农户的带动作用,协调好当地农民与进入开发休闲农业项目的工商资本之间的关系;最后,鼓励和引导农户之间、农户和企业开展合作,让农户真正享受到休闲农业带来的经济收益。

9.2.5 加强政府扶持和引导,优化休闲农业发展环境

从国外发达国家在休闲农业发展方面的经验来看,政府的扶持对休闲农业发展有着至关重要的作用。山东省休闲农业发展较晚,市场发育不够成熟,完全依赖市场机制发展,必然会产生一系列问题。政府要制定统筹措施,引导好休闲农业的可持续发展。

9.2.5.1 加大政策扶持力度,制定和完善相关法律法规

政府部门积极引导休闲农业的发展时,既做到要鼓励、支持,又要注重法制管理,加强对休闲农业的管理监督。

首先,政府要做好宏观引导与制定扶持政策。尽管山东省政府先后制定并出台了《山东省乡村旅游业振兴规划(2011—2015年)》《山东省国民休闲发展纲要》《关于积极开发农业多种功能、大力发展休闲农业的意见》等文件,对休闲农业起到了一定的促进作用,但是内容基本都是以介绍发展目标、发展意义、发展成效和发展计划为主,真正对产业有针对性指导作用的政策不多。此外,对于休闲农业的扶持政策基本都是国家层面的标准,没有结合山东省的具体发展实际。因此,各级政府应该从实际出发,积极利用资金、用地、税收、贷款等各方面的政策对休闲农业进行倾斜,真正推动休闲农业的建设。

其次,政府要建立相关法律法规,指导休闲农业发展。休闲农业项目运营复杂,很多人对相关政策法规不了解,给经营过程带来了阻碍。完善的法律法规是整个休闲农业运营体系的基石与法律保障。目前山东省适用于休闲农业的实施细则较少,可操作、可落地的细化规定也非常缺乏,建议推出专项法规,在发展资

金、专项用地、申报建设和管理方面给予法律支撑。

9.2.5.2 加大资金投入，完善基础设施建设

进一步发挥资金在休闲农业发展过程中的刺激作用。休闲农业层次比较丰富，许多项目的发展需要庞大资金的支撑。因此，政府需要加大对于休闲农业发展的资金扶持，积极引导金融保险机构对休闲农业项目的金融支持。山东省每年的公共财政均倾向于"三农"，为了保障休闲农业的发展，应设立休闲农业发展专项资金，更好地满足休闲农业发展多样化金融需求。此外，政府相关部门应不断加强完善基础设施和公共服务设施建设。目前，山东省大多数的休闲农业点都位于城郊或乡村区域，交通、卫生、通信、水电和安全等基础设施都存在一些不足。尽管有些休闲项目本身质量较高，对游客有着较大的吸引力，但却总是由于"道路差、停车难、卫生差、标识少"而失去持续的客源。在此情况下，山东省各级政府应以乡村振兴和建设美丽乡村为契机，加大对休闲农业的资金投入和扶持力度，完善各种基础设施和配套设施建设，美化村貌、绿化道路、净化环境，一方面提高当地居民的生活便利性，另一方面也为游客更好地参与旅游休闲活动提供保障。值得注意的是，相关部门在改造完善基础设施时，一定要根据当地乡村文化，合理规划布局，避免破坏乡村建筑原貌。

9.2.5.3 指导成立行业协会，并参与制定相关行业标准

纵观全球休闲农业发展成熟的国家，可以发现行业协会在休闲农业发展中起到了不可忽视的组织协调功能。目前，我国休闲农业发展较为成功的地区，如北京、四川、浙江、江苏、安徽等地已纷纷成立了休闲农业行业协会。这些协会主要为政府、经营主体和游客提供服务，在协助政府进行行业管理、帮助会员提高经营水平、引导游客消费行为方面取得了明显的成效。但山东省休闲农业协会数量很少，而且功能有限。因此，山东省要实现休闲农业的规范发展和顺利升级，政府应该借助农村合作组织的推动，加强对协会组织的培育和引导，充分发挥行业协会在科学规划、信息交流、市场营销、示范推广等方面的作用。另外，政府要指导行业协会围绕农家乐、休闲农庄、休闲农业园、民俗村等类型分别建立管理制度和行业标准。行业协会可以通过构建有效的监管体系，逐渐统一行业管理标准及准入标准，进而不断完善休闲农业的发展规范，保证休闲农业的健康有序发展。

9.2.5.4 规范管理，提高休闲农业经营主体服务水平

（1）多渠道宣传推广，提高知名度。

市场经济的发展离不开宣传推广，市场宣传工作会直接影响到休闲农业项目内容是否被顺畅地传递给游客。对于当前所处的休闲时代来说，市民可选的休闲方式层出不穷，如何将其吸引到休闲农业活动中来？怎样让其在众多项目中选择自己经营的休闲项目？对此，各地必然要多渠道地进行宣传推广，以提高自身在

消费者心目中的知名度。山东省各地应根据休闲农业的不同情况,在面对不同的市场群体时设计制作不同的宣传形式,就目前来说,除了可以利用传统的电视、报纸、广播(车载)和杂志等四大媒介外,效果比较明显的方式可能有:①互联网营销。随着互联网技术的普及,互联网成为一种有力的宣传媒介,一方面各地要充分利用旅游信息网、旅游政务网等旅游网站,设立休闲农业专题,为游客提供及时而准确的信息;另一方面,各经营主体还可以通过开发自己的微信公众号、官方微博,实力雄厚的甚至可以开发自己的APP,利用新媒体将休闲农业项目推广出去。②积极参加全国休闲农业推介及相关会展活动。如在2014年全国休闲农业创意精品展上,山东省50多家企业、合作社和个体户携产品创意、包装创意、活动创意和景观创意四大类70多件作品踊跃参展,对促进全省休闲农业产业发展发挥了积极作用。

(2)加强开放合作,实现互利共赢。

目前,山东省休闲农业的发展依然存在着数量多、规模小、同质化和分散化的特点,不仅没有像发达地区休闲农业那样发挥规模经济效用,还存在着恶意竞争的状况。因此,随着区域经济一体化进程的不断加快,地区间的资源配置成为趋势,各地经营者要比较各自的优势,在相互尊重各自利益需求的基础上,组成合作联盟。成员间的合作要内容丰富、方式多元,实现优势互补,共同打造一个项目内容完善、服务质量上乘的综合休闲农业体。开放合作现已成为提升综合竞争能力、推动区域休闲农业全面协调可持续发展的必然选择。

(3)注重休闲农业产业化发展,延长产业链。

产业体系不完善严重制约了山东省休闲农业优势的发挥。休闲农业产业的发展需要坚持"全产业链"理念。全产业链模式指的是以市场需求为导向,从产业链源头开始,贯穿采购、生产、销售每一个环节,实现全产业链贯通的发展模式。如何拓宽、延伸和优化休闲农业的产业链,增加休闲农业的服务产品价值是当前经营主体面临的重要问题。一个成功的案例如潍坊青州的亚太农业休闲园通过发展休闲农业,带动了周边的交通、购物、餐饮、民宿、娱乐等活动的发展,增加了当地的经济收入。另外,在花卉生产功能的基础上,打造花卉DIY体验馆、花卉深加工、花卉销售、花卉科研、花卉科普等多形式的活动内容,尽可能地拓展了农业的产业链,提高了休闲农业的经济产出。目前,亚太农业休闲园在加强传统花卉生产的同时,形成了花卉生产与花卉旅游相结合、花卉科研与花卉科普相结合、花卉生产与花卉电商相结合的产业发展格局,推动了花卉在当地的产业化发展。

(4)加强休闲农业从业人员培训工作。

休闲农业是一项融合一二三产业,具有较强综合性的新兴产业,其发展不仅要有完善的管理经验,而且要求从业人员具备休闲、文化、农业、旅游和管理等方面的知识。山东省休闲农业发展起步晚,经营管理经验不足,从业者的能力不足,因此需要组织培训,提高从业者整体素质。培训的方式多样,既可以通过政府组织培训,也可以邀请行业及院校进行培训,培训的内容主要集中在旅游、经济、政策、当地乡村文化、操作经营和服务礼仪知识方面。

(5)做好数据统计工作。

农业部自2015年开始编撰《中国休闲农业年鉴》,对全国各地休闲农业发展情况展开记录工作。随后,浙江、江苏、北京、江西等地在当地的农村年鉴和旅游年鉴中对休闲农业的发展数据进行统计,但山东只在《山东省2017年国民经济和社会发展统计公报》中对当年的休闲农业接待人次、营业收入做了简单介绍,数据缺失严重。为此,山东各地应建立起统一的休闲农业统计指标体系,做好相关数据统计工作,为休闲农业的深入研究提供支撑和依据。

9.3 本章小结

本章在第4、5、6、7、8章关于休闲农业的空间结构、发展水平、市场需求及农户态度、国内外成功经验的基础上,结合山东省发展实际提出了休闲农业发展的整体思路。然后,分别从五个方面提出了山东省休闲农业的发展对策。一是坚持理念创新,准确把握休闲农业的发展方向;二是发挥示范点带头作用,优化空间结构,科学推动休闲农业的集聚发展;三是明确市场定位,加强产品建设,完善旅游服务;四是突出农户主体地位,优化农户经营行为,正确处理当地农民与工商资本的关系;五是加强政府扶持和引导,优化休闲农业发展环境。为制定山东省休闲农业的发展对策、促进休闲农业健康持续发展提供了政策依据。

第 10 章　研究结论和展望

10.1　研究结论

近年来,居民的闲暇时间增多,更加追求健康,休闲农业作为一种农业与旅游结合的新型消费形态,成为城市居民普遍接受和追求的休闲度假方式。休闲农业的发展不仅有助于农村一二三产业的融合互动,还在促进农业提质增效、带动农民就业增收、建设美丽乡村和推动乡村振兴方面具有十分重要的作用。本书沿着休闲农业的空间结构、竞争力水平、客源市场的需求特征、农户对休闲农业的认知和态度的研究思路,通过理论分析和实证调研,在总结发达国家休闲农业发展经验的基础上,对山东省休闲农业的发展进行研究,得出如下主要结论。

①以山东省休闲农业示范点为研究样本,归纳了山东省休闲农业农业资源的类型。研究发现山东省休闲农业资源类型较为丰富,包含了 5 个一级类和 18 个二级类。其中,休闲观光类的休闲农业资源数量最多,约占总量的 43.75%;第二位为特色村镇类,约占总量的 19.17%;第三、第四位是农事体验类和农业科技类,分别约占总量的 17.50% 和 15.83%;乡村文化类最少,仅占总量的 3.75%。这表明:首先,山东省多样化的农业资源和广阔的市场需求形成了较为丰富的休闲农业景点类型,不仅涉及了休闲农业的各个方面,还满足了不同游客的需求。其次,受到开发条件及经济特征的影响,各类资源的发展规模和内部结构还存在一定差异。再次,休闲观光类资源数量最多,说明山东省休闲农业的发展还处于功能比较单一的初级阶段,产品的层次和体验的深度亟待提升。

②借助 Google Earth 和 ArcGIS 技术对山东省休闲农业的空间结构进行分析,得出以下结论:山东省休闲农业的空间结构类型为凝聚型,但分布均衡性较低,主要集中于潍坊、济宁、临沂及青岛等地区,体现出明显的"大分散、小集聚"的分布特点,区域内呈现连片式发展模式,热点区域主要集中在枣庄—济宁区域、济南—泰安区域,滨州东南和日照东部区域次之。在此基础上,又从经济基础、资源禀赋、客源市场、区位交通及政策倾向等要素方面研究其对形成该空间结构的影响作用:休闲农业资源的整体规划以及产品设计需要地方经济的支持,因而致使各经济区休闲农业资源类型差异显著;丰富的 A 级景区是山东省休闲农业发展的有效依托,有利于发挥景区的边缘效应和资源互补效应;休闲农业项目的规划和建设均与交通网密切相关,因而多数休闲农业地分布在主要交通干道周围,特色村

镇、乡村文化和农事体验类对交通环境的依赖程度更高;休闲农业必然是在人口密度较大的城市及周边地区优先发展,休闲观光类对城市人口的密度依赖度最大;在政府政策推动下,山东省休闲农业活动形式日益丰富,休闲农业项目不断向优势区域聚集,进而推动了现有空间结构的形成。

③构建休闲农业竞争力主要指标评价体系,运用改进的TOPSIS法对山东省休闲农业竞争力进行定量评价。结果发现,山东省休闲农业发展综合得分并不高,各地休闲农业竞争力水平具有较大差异。东部地区凭借其特殊的地理优势和城市群辐射效应,休闲农业发展水平较高,而鲁西北地区的休闲农业竞争力相对较低。依据竞争力的得分高低,将17个地市休闲农业竞争力划分为竞争力强、较强、中等、较弱和弱五个层次。障碍度诊断结果表明,星级农家乐相对数量是阻碍各地市休闲农业竞争力提高的首要因子,提高区域内旅游接待与服务能力是当前各地市休闲农业发展的首要建设目标。区域内林木绿化率、人均水资源拥有量、A级景区密度、客源地市场规模指数和旅游业收入占GDP的比重是山东省休闲农业竞争力水平的关键障碍因子。

④从市场需求的角度,在问卷调查所获得的微观数据基础上,运用描述性分析深入研究了山东省休闲农业旅游市场结构和客源市场行为,进一步分析了游客对山东省休闲农业旅游的真实态度。结果表明,游客对山东省休闲农业旅游虽然具有一定的认可度,但整体满意度并不是很高,而且忠诚度也较为一般。运用IPA分析方法对游客满意度6个维度30个测度因子进行评价,结果发现:有9项因子位于高重要性－高满意度象限,其中8个因子来自于旅游环境和旅游设施指标层,表明旅游环境和旅游设施是目前山东省休闲农业的比较优势所在;娱乐项目丰富、增长"三农"知识的机会较多、特色优质的餐饮、门票价格合理和旅游地有旅游网站/公众号方面5项因子落在高重要性－低满意度象限,这些游客认为非常重要却没有达到满意的因素,是旅游地提高游客满意度的最关键因素,更是旅游经营者需要重点关注之处;位于"双低"象限的13项因子,有可能会随着市场的变化而变得重要,因此需要经营者持续观测并有序地加以改进;对位于低重要性－高满意度象限的因子,经营者暂时无须过度关注。

⑤从供给的角度,运用实地调查的微观数据分析了农户对休闲农业的认知和态度,结果表明,随着近些年政府和媒体对休闲农业的大力宣传,山东省农户不仅对休闲农业的认知程度较为理想,对参与休闲农业的经营意愿也十分强烈,有73.50%的农户表示未来愿意参与或继续参与休闲农业的经营。在此基础上,从农户个人特征、农户家庭特征、资源禀赋特征、农户行为认知特征和外部环境特征5类因素中构建共16个变量,运用二元Logistic模型对影响农户参与休闲农业意愿的因素进行分析。结果显示,受教育程度、风险承担能力、劳动力数量、资金支持、区位交通、旅游资源、休闲农业认知度、宣传推广、前景预期、亲友的示范作用

和组织化程度11个因素对农户的经营意愿具有显著影响,而性别、年龄、农业收入比重、社会资源和涉农技术培训5个变量对农户经营意愿的影响不显著。

⑥在总结发达国家休闲农业发展经验的基础上,结合山东省发展实际,多角度提出了休闲农业的发展对策。首先明确了"科学规划、政府扶持、部门联动、多元经营、统筹发展"的整体发展思路,并在此基础上,分别从五个方面提出了山东省休闲农业的发展对策。一是要坚持理念创新,准确把握休闲农业的发展方向;二是发挥好示范点的带头作用,优化空间结构,科学推动休闲农业的集聚发展;三是明确市场定位,加强产品建设,完善旅游服务;四是突出农户主体地位,优化农户经营行为,正确处理当地农民与工商资本的关系;五是加强政府扶持和引导,优化休闲农业的发展环境。

10.2 研究展望

本书梳理了山东省休闲农业的兴起与发展,分析了其空间结构、竞争力水平和市场需求特征,揭示了农户对休闲农业的认知水平和参与休闲农业经营意愿的影响因素,并提出了促进和优化山东省休闲农业发展的对策建议。基于本书的不足之处和研究课题的发展趋势,未来将对以下三方面进行深入研究。

①完善休闲农业竞争力指标体系,尝试分析其时空演变特征。本书仅从空间层面分析了山东省各地休闲农业竞争力的差异,没有考虑其在时间层面上的演变特征。接下来会完善指标评价体系,分析其时空演变特征并分析影响空间分布差异的主要因素,有利于明晰山东省休闲农业发展所处的阶段和各地产生差距的原因,为促进休闲农业结构调整与升级发展提供指导。

②对休闲农业的绩效进行测度。绩效评价是产业发展研究中重要的一项内容,由于休闲农业业态丰富,缺乏统计数据资料,因而对其进行精确测度是一项很难的工作。在接下来的研究中,可以选择某种休闲农业的经营业态,建立绩效监测体系,采用定量分析法评价其效益指标。

③对休闲农业相关利益者进行相关研究。休闲农业作为传统农业和现代旅游业交叉形成的新型产业,如何协调农村社区与旅游者、政府、外来投资者之间的深层关系是一项非常值得探讨的研究课题。

参考文献

[1] AKPINAR N, TALAY I, CEYLAN C, et al. Rural women and agrotourism in the context of sustainable rural development: a case study from Turkey[J]. Kluwer Journal, 2004(4): 473-486.

[2] BAGI F. Agritourism farms are more diverse than other U. S. farms[J]. Amber Waves, 2014(9): 1C, 2C.

[3] BEEHO A J. Conceptualizing the experiences of heritage tourists: a case study of New Lanark World Heritage Village[J]. Tourism Management, 1997(2): 75-87.

[4] CLAIRE HAVEN T, JONES E. Local leadership for rural tourism development: a case study of Adventa, Monmouthshire, UK[J]. Tourism Management Perspectives, 2012, 4: 28-35.

[5] GARCIA-RAMON M, DOLORS O. Farm tourism, gender and the environment in Spain[J]. Annals of Tourism Research, 1995(2): 267-282.

[6] FLEISCHER A, PIZAM A. Rural Tourism in Israel[J]. Tourism Management, 1997(6): 367-372.

[7] GARCIA-RAMON M, DOLORS O. Farm tourism, gender and the environment in Spain[J]. Annals of Tourism Research, 1995(2): 267-282.

[8] BUSBY G, RENDLE S. The transition from tourism on farms to farm tourism[J]. Tourism Management, 2000(6): 635-642.

[9] JOHN T. Indisciplined and unsubstantiated[J]. Annals of Tourism Research, 2000(3): 809-813.

[10] MONICA I, ANDREAL C. Rural tourism and livelihood strategies in Romania[J]. Journal of Rural Studies, 2010(2): 152-162.

[11] 白凯. 乡村旅游地场所依赖和游客忠诚度关联研究——以西安市长安区"农家乐"为例[J]. 人文地理, 2010(4): 120-125.

[12] 蔡碧凡, 陶卓民, 葛佩佩. 浙江省优良景区空间分布特征及影响因素[J]. 西北师范大学学报(自然科学版), 2016(4): 99-106.

[13] 蔡荣, 易小兰. 合作社治理的成员态度与参与行为——以鲁陕2省672位果农调查为例[J]. 农业技术经济, 2017(1): 98-108.

[14] 曹盼, 张润清, 王健. 我国休闲农业开发适宜度评价与实证分析[J]. 广东农业科学, 2013(2): 233-236.

[15] 曹哲,邵秀英.山西省休闲农业和乡村旅游地空间格局及优化路径[J].世界地理研究,2019(1):208-213.

[16] 陈剑坤,传安琪,国蓝月.休闲农业的营销模式:ECSEB 模型分析——以湖南长沙宝丰农业为例[J].中国市场,2017(4):102-103,113.

[17] 陈蓬.关于我国生态休闲产业发展的思考[J].林业经济,2015(8):30-34.

[18] 陈享尔,蔡建明.基于资源类型及空间特征的城郊观光农业旅游线路研究——以上海市闵行区为例[J].经济地理,2013(9):161-168.

[19] 陈章纯,柯水发,赵铁珍,等.农户林地经营形式选择意愿的影响因素分析——基于福建省226户农户调查[J].林业经济,2014(7):48-54.

[20] 龚志强,陈奇晃,纪小美.江西省休闲农业示范点空间分布特征研究[J].中国农业资源与区划,2018(11):155-162.

[21] 郭晨晓,张朝凯,魏凤.中国西北地区休闲农业游客满意度分析——以陕西省袁家村为例[J].统计与管理,2018(4):106-110.

[22] 郭焕成.我国休闲农业发展的意义、态势与前景[J].中国乡镇企业,2012(2):70-73.

[23] 郭君平,曲颂,夏英,等.经济学视角下农民政治参与态度与行为选择偏差分析[J].中国农村经济,2017(12):18-32.

[24] 郭耀辉,刘强,熊鹰,等.农业循环经济发展指数及障碍度分析——以四川省21个市州为例[J].农业技术经济,2018(11):132-138.

[25] 郝晶晶,齐晓明,张素丽,等.内蒙古冰雪旅游资源及其利用研究[J].干旱区资源与环境,2017(9):201-208.

[26] 胡豹.农业结构调整中农户决策行为研究[D].杭州:浙江大学,2004.

[27] 胡雪瑛.陕西省休闲农业发展水平评价及驱动力分析[J].中国农业资源与区划,2018(10):256-262.

[28] 蒋颖.北京市门头沟区休闲农业发展研究[D].北京:北京林业大学,2013.

[29] 李天元.中国旅游可持续发展研究[M].天津:南开大学出版社,2004.

[30] 李小瑞.农户土地承包经营权入股农地股份合作社的意愿分析[D].杭州:浙江大学,2007.

[31] 李艳丽,郝庆升.影响农户生产方式转变意愿的主观因素分析[J].统计与决策,2018(10):101-103.

[32] 林国华,郑石.福建省休闲农业示范点空间分布及其影响因素分析[J].福建农业学报,2017(6):676-684.

[33] 周颖.休闲农业理论发展与实践创新研究[M].北京:中国农业科学技术出版社,2018.

[34] 朱朝枝,曾芳芳.农业多功能性与产业发展[M].北京:中国农业出版社,2018.

附　　录

附录1　休闲农业旅游中的游客调查问卷

尊敬的游客：

　　衷心感谢您参与本次问卷调查！本次问卷主要是针对山东省休闲农业发展研究开展的,采取随机抽样匿名方式进行,仅供学术研究之用,答案没有对错之分,请遵照自己内心感受,在相应的序号前打"√"即可。希望得到您的帮助,谢谢！

第一部分:游客基本信息

　　1.您的性别：
　　①男　②女
　　2.您的年龄：
　　①18岁及以下　②19~25岁　③26~35岁　④36~45岁　⑤46~60岁
　　⑥61岁及以上
　　3.您的受教育程度：
　　①初中及以下　②高中、中专及职业学校　③大专及本科
　　④研究生及以上
　　4.您的职业是：
　　①企业职工　②个体工商户　③专业技术人员　④公务员、事业单位职工
　　⑤学生　　　⑥自由职业者
　　5.您的月收入范围大概是：
　　①2 000元以下　　　②2 000~3 499元　　　③3 500~4 999元
　　④5 000~6 499元　　⑤6 500~7 999元　　　⑥8 000元及以上
　　6.与您日常居住在一起的家庭成员有：
　　①单身　②自己与父母　③配偶和子女　④只有孩子　⑤三代及四代同堂
　　7.您的常住地：
　　①本市　　　　　　②邻市(省内或省外)　　③省内其他城市
　　④省外其他城市

8.您以前对休闲农业旅游了解多少:
①很熟悉　②了解一些　③听说过,但不了解　④没听说过

第二部分:游客出游特征

9.您为何来此地参与休闲农业旅游?
①教育子女　　　　　　　　　②参会或单位组织活动
③放松身心和缓解压力　　　　④购买新鲜农产品
⑤体验农村生活和乡土文化　　⑥品尝农家美食
⑦增长知识和丰富阅历　　　　⑧陪伴家人或朋友
⑨亲近自然和感受乡村自然风光　⑩跟随潮流

10.请问您是通过哪些途径获得休闲农业地(旅游地)信息的?
①广播、电视　②网络　③亲友推荐　④报纸、杂志
⑤旅游宣传册(片)　⑥其他____

11.您在进行此次休闲农业旅游决策时,主要考虑哪些影响因素?
①景点知名度及丰富度　②交通距离及交通条件　③旅游费用
④旅游配套设施及服务　⑤其他____

12.您过去一年参与休闲农业的次数有几次?
①0次　②1次　③2次　④3次　⑤4次　⑥5次及以上

13.您喜欢选择什么时间开展休闲农业旅游?
①1—3月　②4—6月　③7—8月　④9—12月

14.您一般会在什么时间段来进行休闲农业旅游?
①国家法定节假日　②寒暑假　③(带薪)休假期间　④周末

15.您到休闲农业地旅游一般在当地逗留多长时间?
①2小时左右　②半天　③1天　④2天1夜　⑤2天1夜以上
(选择④或⑤选项请回答第16题,选择①、②、③选项请跳过第16题)

16.您通常会选择什么样的住宿类型?
①星级酒店　②亲友家　③农家民宿度假别墅　④经济型酒店　⑤帐篷
⑥其他

17.除去交通费用,您在休闲农业旅游地的花费大约是多少?(平均一个人)
①100元及以下　②101~300元　③301~500元　④501~700元
⑤701~900　⑥901元及以上
您感觉花费:①很大　②一般　③不大　④非常小

18.您出游交通方式选择:
①自驾车　②公共汽车　③公交车　④火车　⑤其他

19.您单程花费的时间是:
①1小时以下　②1~2小时　③2~3小时　④3小时以上

20. 您到旅游地的旅游方式是：
①家庭游　②与朋友结伴旅游　③自己独行　④团体游

第三部分：游客满意度

21. 您对本次休闲农业旅游经历总体印象是：
①非常满意　②比较满意　③一般　④不太满意　⑤非常不满意

22. 您是否愿意把此次旅游地推荐给亲戚朋友？
①非常愿意　②比较愿意　③一般　④不太愿意　⑤非常不愿意

23. 请您对本次休闲农业旅游的各项因素的重要性和满意度进行评价（在重要性一栏中，"5" = 非常重要；"4" = 重要；"3" = 一般；"2" = 不重要；"1" = 很不重要。在满意度一栏中，"5" = 非常满意；"4" = 满意；"3" = 一般；"2" = 不满意；"1" = 很不满意。请在符合选项处打"√"）。

休闲农业旅游中的各项要素	重要性					满意度				
	非常重要	重要	一般	不重要	很不重要	非常满意	满意	一般	不满意	很不满意
优美的自然风光	5	4	3	2	1	5	4	3	2	1
空气清新	5	4	3	2	1	5	4	3	2	1
水质清洁	5	4	3	2	1	5	4	3	2	1
环境整洁	5	4	3	2	1	5	4	3	2	1
生态环境良好	5	4	3	2	1	5	4	3	2	1
当地居民对游客的态度	5	4	3	2	1	5	4	3	2	1
旅游地外部交通的可进入性	5	4	3	2	1	5	4	3	2	1
旅游地内部交通的通畅性	5	4	3	2	1	5	4	3	2	1
旅游地图及路牌标识	5	4	3	2	1	5	4	3	2	1
垃圾桶的分布合理性及清洁情况	5	4	3	2	1	5	4	3	2	1
卫生间的分布合理性及清洁情况	5	4	3	2	1	5	4	3	2	1
停车便利性	5	4	3	2	1	5	4	3	2	1
特色的乡土文化	5	4	3	2	1	5	4	3	2	1
特色的乡村景观	5	4	3	2	1	5	4	3	2	1
动植物种类丰富	5	4	3	2	1	5	4	3	2	1
娱乐项目丰富	5	4	3	2	1	5	4	3	2	1
增长"三农"知识的机会较多	5	4	3	2	1	5	4	3	2	1
特色优质的餐饮	5	4	3	2	1	5	4	3	2	1

续表

休闲农业旅游中的各项要素	重要性					满意度				
	非常重要	重要	一般	不重要	很不重要	非常满意	满意	一般	不满意	很不满意
旅游购物(土特产品)	5	4	3	2	1	5	4	3	2	1
服务人员的态度	5	4	3	2	1	5	4	3	2	1
服务人员对产品和服务的了解程度	5	4	3	2	1	5	4	3	2	1
旅游服务设施安全状况	5	4	3	2	1	5	4	3	2	1
解说服务	5	4	3	2	1	5	4	3	2	1
门票价格合理	5	4	3	2	1	5	4	3	2	1
体验项目价格合理	5	4	3	2	1	5	4	3	2	1
餐饮价格合理	5	4	3	2	1	5	4	3	2	1
旅游购物价格合理	5	4	3	2	1	5	4	3	2	1
旅游地信息咨询服务完善	5	4	3	2	1	5	4	3	2	1
旅游地设有无线网络(Wifi)	5	4	3	2	1	5	4	3	2	1
旅游地有旅游网站/公众号	5	4	3	2	1	5	4	3	2	1

24.有了这次旅游经历,您是否会重游此地?
①会 ②不会 ③没想好,说不清
(如果选择①,请回答第 25 题;如果选择②,请回答第 26 题)

25.您选择重游的主要原因是什么?(多选)
①特色村镇景观 ②独特的乡土文化 ③丰富的农事体验活动
④新鲜的乡村特产 ⑤特色农家餐饮 ⑥优美的自然风光
⑦休闲娱乐项目众多 ⑧旅游地性价比高
⑨其他____

26.您不会重游的主要原因是什么?(多选)
①缺乏特色,同质化现象严重 ②商业气息太浓 ③环境卫生差
④交通不便利 ⑤景点介绍标牌、路牌模糊不清
⑥收费不合理 ⑦服务不规范 ⑧缺乏参与性项目
⑨乡村景观欠佳 ⑩乡土文化没有吸引力
⑪缺乏乡村特产 ⑫其他____

附录2 农户参与休闲农业的经营意愿调查问卷

尊敬的农民朋友:

您好!此问卷是就农户参与休闲农业开发和经营的意愿进行调查,在此需要占用您几分钟时间,您的意见对我们此次调查非常重要。本次调查的结果完全作为学术研究之用,不会将您的任何信息向外透露,请您放心。请根据自己的意愿选择相应项,保证问卷的个人最大代表性。谢谢!

第一部分:被调查农户及家庭基本情况

1. 您隶属于:

 山东省_____地(市)_____县(市、区)

2. 您的性别为:

 ①男 ②女

3. 您的年龄为:

 ①30岁及以下 ②31~40岁 ③41~50岁 ④50岁以上

4. 您的受教育程度:

 ①小学及以下 ②初中 ③高中 ④大专及以上

5. 您家总共有____人;其中劳动力人数(不含在校生)有____人

6. 您的家庭农业收入占家庭总收入的比重大约是:

 ①20%及以下 ②21%~40% ③41%~60% ④61%~80% ⑤80%以上

7. 您的家庭是不是以农业为主业:

 ①是 ②不是

8. 您的家庭有_____亩土地,共_____块。这些土地的细碎化现象如何?

 ①轻度细碎化 ②中度细碎化 ③高度细碎化

9. 您或您的家庭成员是否有外出务工经历:

 ①有 ②没有

10. 您或您的亲戚有没有人曾经或正在担任村镇干部:

 ①有 ②没有

11. 您是或您的家庭成员否有农业技术培训的相关经历:

 ①有 ②没有

12. 您认为您在风险态度上属于:

 ①不喜欢冒险,风险规避型 ②一般,风险中性型 ③喜欢冒险,风险偏好型

13. 您家主要经营的农产品是?

 ①种植业 ②林业 ③畜牧业 ④渔业 ⑤农产品加工服务业 ⑥其他

14.您的农业资源距离城镇的距离：
①很近　②较近　③一般　④较远　⑤很远

15.您所在村附近是否有特色自然资源或社会文化资源？
①没有　②有,很少　③有,一般　④有,较多　⑤有,很多

第二部分:被调查农户对休闲农业的认知和态度情况

16.您是否听说过休闲农业、观光农业或农业旅游？
①听说过,非常了解　②听说过,比较了解　③听说过,了解一些
④听说过,但不了解　⑤没听说过,完全不了解

17.如果知道,您是从什么渠道获知的？
①村委会　②电视、报纸、广播、网络　③亲朋好友　④涉农企业
⑤参加宣传培训

18.您对休闲农业各项功能的评价是怎样的？("5"= 非常同意;"4"= 比较同意;"3"= 一般;"2"= 不同意;"1"= 不清楚。请在符合选项处打"√")。

休闲农业的各项功能要素	认可程度				
	非常同意	比较同意	一般	不同意	不清楚
抵消农业收入波动,提高经济收入	5	4	3	2	1
增加就业机会(尤其是家庭妇女)	5	4	3	2	1
扩展农产品销售渠道	5	4	3	2	1
有效地节约销售成本	5	4	3	2	1
改善周边生态环境	5	4	3	2	1
是一种农业创新	5	4	3	2	1
充分利用闲置的建筑物和房间	5	4	3	2	1
促进家庭成员与社会外界的交流	5	4	3	2	1
提高当地基础设施水平	5	4	3	2	1

19.当前,您村正在推行:
①美丽乡村建设　②农村新社区建设　③生态农业示范村建设
④富民家园行动计划
⑤其他
对此,您的态度是:a.支持　b.无所谓　c.不支持

20.村里是否有休闲农业项目？
①有　②没有

21. 您亲朋好友参与休闲农业项目的情况?

①很少　②较少　③一般　④较多　⑤很多

22. 您认为村里如果有人率先进行休闲农业的经营,会对他人的参与意愿产生影响吗?

①会　②不会

23. 您的家庭是不是属于农业示范户?

①是　②不是

24. 您或您的家庭成员是不是参加了农民专业合作经济组织(农业合作社)?

①是　②不是

25. 您或您的家庭成员是否参与农业技术培训?

①从未参加　②偶尔参加　③经常参加

26. 当地政府宣传推广休闲农业的力度如何?

①完全没有　②较少　③一般　④较多　⑤很多

27. 您是否了解国家或政府对开展休闲农业的贷款、技术、税收以及土地流转等方面的扶持政策?

①了解　②不了解

28. 您觉得休闲农业的参与要求如何?

①参与要求较低　②要求还可以接受　③参与要求较高

29. 您认为休闲农业未来的发展会怎样?(前景预期)

①很悲观　②较悲观　③一般　④较乐观　⑤很乐观

30. 您家是否愿意参与休闲农业的开发和经营?

①愿意　②不愿意　③愿意,并且已经参与了

31. 如果您<u>不愿意</u>参与休闲农业项目,请问您不愿意参与的原因是什么?(多选)

①缺乏相关知识,无法参与　②拥有的资源不适合开发休闲农业

③休闲农业的季节性　④没有足够的土地

⑤成本太高　⑥没有足够的劳动力

32. 如果您<u>愿意或已经</u>参与休闲农业项目,请问您(愿意)参与休闲农业经营的主要原因是什么?(多选)

①可以获得一定的经济收益　②周围有很多人参与

③可以更好地销售农产品　④受政府的激励及补贴政策扶持

⑤可以解决剩余劳动力就业问题

⑥可以利用闲置的建筑物和房间

⑦满足旅游者的需求